ÉDIPO EM COLONO
DE SÓFOCLES

COLEÇÃO SIGNOS

Dirigida por Augusto de Campos

Equipe de realização:
Supervisão editorial: J. Guinsburg
Capa e projeto gráfico: Sergio Kon
Revisão de provas: Lilian Miyoko Kumai
Produção: Ricardo Neves, Sergio Kon e Lia N. Marques

ÉDIPO EM COLONO
DE SÓFOCLES

TRAJANO VIEIRA

PERSPECTIVA

Dados Internacionais de Catalogação na Publicação (CIP)
(Câmara Brasileira do Livro, SP, Brasil)

Sófocles
Édipo em Colono / de Sófocles ; introdução e tradução
de Trajano Vieira. — São Paulo : Perspectiva, 2016 —
(Coleção signos ; 41 / dirigida por Augusto de Campos)

2ª reimpressão da 1ª ediçao de 2005
Bibliografia.
ISBN 978-85-273-0727-7

1. Sófocles. Édipo em Colono - Crítica e
interpretação
2. Tragédia grega - História e crítica I. Vieira, Trajano.
II. Campos, Augusto de. III. Título. IV. Série.

05-4710   CDD-882.0109

Índices para catálogo sistemático:
1. Tragédia : História e crítica : Literatura
grega antiga 882.0109

2ª reimpressão da 1ª ediçao

Direitos reservados à
EDITORA PERSPECTIVA S.A.

Av. Brigadeiro Luís Antônio, 3025
01401-000 São Paulo SP Brasil
Telefax (11) 3885-8388
www.editoraperspectiva.com.br
2016

SUMÁRIO

7   O RÉQUIEM DE SÓFOCLES

21   ÉDIPO EM COLONO, DE SÓFOCLES

127   οιδιπουσ επι κολωνωι

O RÉQUIEM DE SÓFOCLES (por Trajano Vieira)

Costumamos nos referir às tragédias que perfazem a saga de Édipo e sua família com o título de *Trilogia Tebana*. Ao contrário do que normalmente se poderia pensar, os três dramas não foram escritos em ordem cronológica: em lugar da seqüência previsível (*Édipo Rei, Édipo em Colono* e *Antígone*), Sófocles compôs *Antígone* em 441 a. C., *Édipo Rei* em 429 (425?) a. C. e *Édipo em Colono* em 406 a. C., pouco antes de morrer. Quase vinte anos separam o *Édipo Rei* do *Édipo em Colono*, e, para que se tenha uma idéia do significado desse período na história de Atenas, basta lembrar que, em 431 a. C., começa a guerra do Peloponeso, concluída em 404 a. C., com a capitulação da cidade. Também no que concerne aos acontecimentos das duas peças, verifica-se uma distância temporal considerável. No drama traduzido a seguir, deparamo-nos com um herói idoso que, depois de errar longamente como mendigo, amparado por Antígone, repousa num bosque sagrado, em Colono, nas cercanias de Atenas. Sua saída de Tebas não se dá logo após o esclarecimento dos episódios catastróficos de sua vida, mas quando, tempos depois, ao reavaliar seus atos, conclui ser inocente. Ao rememorar esses episódios, Édipo faz uso da argumentação jurídica, no estilo forense, tão apreciado pelos atenienses:

Responde a uma pergunta apenas: se
alguém agora viesse te matar,
a ti, tão justo, indagarias se é teu
pai o assassino, ou no ato o punirias?
Se tens amor à vida – penso –, o vil
punirias, sem o exame do direito.
Foi como eu me meti num mal assim,
numes à frente. Se a ânima do pai
vivesse – creio –, não contestaria.

(*vv.* 991-999)

Esse tom oratório é recorrente nos diálogos da peça. Creonte baseia sua tentativa de levar Édipo de volta a Tebas num pressuposto falso, que ele apresenta como aparentemente óbvio: segundo afirma, imaginava que o tribunal do Areópago proibiria a permanência de um parricida em Atenas. O que está por trás desse raciocínio caviloso é uma crítica ao próprio Teseu, que teria acolhido o ex-monarca tebano ao arrepio da lei. Contra a colocação de Creonte, duas objeções poderiam ser formuladas: se as leis vigentes impediam Atenas de acolher Édipo, não haveria motivo para ele tentar resgatá-lo à força; por outro lado, seria necessário demonstrar o caráter criminoso dos atos praticados por Édipo. O rei exilado defende-se com base no segundo argumento, como se vê no trecho citado acima e no que menciono a seguir, antecedido pela peroração de Creonte:

CREONTE:
A um matador-do-pai, um maculado
– pensei –, alguém cujo himeneu mostrou-se

tão impuro, jamais acolheriam.

No pico de Ares – sei – o sábio Areópago,

em conselho, não deixa a um vagabundo

morar qual fora cidadão, na pólis.

Fiando-me nisso, pus as mãos na presa.

(vv. 944-950)

ÉDIPO:

        Responde: o oráculo

previu ao pai que o filho o mataria;

como vens censurar-me justamente,

se a semente vital máter-paterna

não existia e eu era um não-nato?

Se vim à luz qual vim, alguém sem sorte,

e às vias de fato com meu pai, matei-o,

nada sabendo contra quem agia,

reprovar-me por ato involuntário

é razoável?

(vv. 969-978)

A expulsão de Tebas explica o rancor de Édipo contra Creonte e Polinices. A agressividade do diálogo que o herói mantém com esses dois personagens revela que o tempo transcorrido não esmoreceu sua têmpera. O mesmo personagem voluntarioso do *Édipo Rei* vai se manifestando à medida que ele se dá conta da dimensão exata de seu novo poder, o tutelar. Logo no começo da peça, Édipo cita a previsão do oráculo, segundo a qual ele protegeria o local em que morresse. No diálogo com Ismene, esse informe torna-se mais preciso: segundo consultores délficos recentes, a cidade em que Édipo fosse enterrado ficaria livre do ataque inimigo, e, por esse motivo, Creonte e Polinices tentariam levá-lo, não a Tebas, que o condenara por parricídio, mas às cercanias da cidade, onde seria sepultado.

A peça se estrutura ao redor de diálogos, e não propriamente de ações. No âmbito dos acontecimentos, praticamente o único (excluída a tentativa frustrada de seqüestro por parte de Creonte) é o referido pelo mensageiro, a cena extraordinária em que o segredo da morte de Édipo – sua transformação em herói propiciador da região ática – é revelado exclusivamente a Teseu, que, desde o início, protegera o ex-rei tebano. É curioso notar o aspecto da biografia de Édipo que motiva inicialmente o apoio de Teseu, pois ele nos dá uma idéia clara da dimensão cosmopolita da cultura ateniense. Segundo observa o filho de Egeu, foi o fato de Édipo ter enfrentado as vicissitudes da vida no estrangeiro que despertou sua simpatia. Em certo sentido, Sófocles, em sua última peça, idealiza o perfil aberto e receptivo de Atenas, que agonizava àquela altura diante de Esparta, apoiada por Tebas na guerra do Peloponeso (como se sabe, historicamente, a rivalidade entre Tebas e Atenas remonta às guerras persas e atinge seu auge em 431 a. C., no conhecido episódio de Platéia. Quanto à guerra do Peloponeso, cabe a registrar que, com a vitória de Esparta, Tebas manifestou-se a favor da destruição total de Atenas):

> Recordo que também cresci no exílio
> como tu; mais do que ninguém, no exílio,
> minha própria cabeça pus em risco:
> não posso agora te virar as costas,
> negar ajuda a quem provém de alhures.

(vv. 562-566)

Pelo menos nesse primeiro contato com Édipo, Teseu vê semelhança entre a resistência do herói tebano, submetido à penúria da vida andarilha, e as agruras sofridas por ele mesmo no exterior. Entretanto, a função de Teseu em *Édipo em Colono* não se resume a esse traço. Os atenienses julgaram esse personagem mitológico um herói civilizador, símbolo da história multiempreendedora da cidade. Seria difícil resumir num breve espaço suas peripécias prodigiosas, sobre as quais Eurípides também escreveu em *As Suplicantes* e no *Hipólito*. Mencione-se, a título de exemplo, que Teseu foi o responsável pelo extermínio do minotauro no labirinto de Creta. Voluntarioso, perspicaz, curioso, sensível à diversidade cultural, arrogante, justo, são alguns dos adjetivos que caberiam igualmente a Édipo e a Teseu, ou a Édipo e a Atenas, na visão desse amigo e colaborador de Péricles durante a revolta de Samos (441/0 a. C.) que foi Sófocles.

Di Benedetto traça um paralelo entre o retorno de Ulisses a Ítaca e a peregrinação de Édipo[1]. Em ambos os casos, haveria a associação de dois temas: errância e sofrimento. O estudioso italiano elege o verso 165 da peça como fio condutor de sua análise: *polymokhth' alâta*, "andarilho pluri-sofrente". *Alâta* ("andarilho", "errante") é um termo comum na *Odisséia*. Quanto a *polymothos* ("pluri-sofrente"), o crítico aproxima de *polyponos* ("pluripenoso"), epíteto de Ulisses. Ele cita ainda uma possível relação entre o seguinte trecho do *Édipo em Colono* (vv. 203-6):

---

1 Vincenzo Di Benedetto, *Sofocle*, La Nuova Italia, 1983, p. 217 s.

CORO:

Sem a tensão de antes, miserável,
fala: és filho de quem?
Quem se deixa levar, multi-sofrido?
Tua pátria, podes nos dizer ao menos?

e a indagação que Penélope formula ao marido recém-chegado:

Qual o teu povo e o teu nome, teus pais, a cidade em que
moras?

Odisséia 19, 105
(trad. Carlos Alberto Nunes)

A viagem de retorno de Ulisses tem a ver, todavia, com sua reintegração no cosmos humano, depois de concluída a guerra de Tróia. Seu talento astucioso se depura solitariamente diante das situações que o acaso lhe coloca, preparando sua volta ao ambiente familiar e aos encargos palacianos. Ulisses padece em função de sua futura vida doméstica. Édipo, diferentemente, nos é apresentado ao final de um longo e amargurado périplo, cujo papel é expor seu estado deplorável. Uma mesma paisagem se lhe repete, as insuperadas privações, que o tornam desinteressado pela vida. Desde a sua saída de Tebas, o herói sabe que o único episódio que lhe resta é a morte. Sua viagem tem a força de uma imagem, da representação de um herói injustamente submetido à miséria por sua própria cidade. A chegada a uma cidade de valores éticos elevados conta mais do que as privações experimentadas por ele ao longo dos dias. Vê-lo integrar-se nesse novo universo para morrer com a mesma

O RÉQUIEM DE SÓFOCLES

dignidade e altivez de antes, é um dos pontos altos dessa tragédia. Como escreveu Nietzsche, comentando *Édipo em Colono*, "o herói, em seu comportamento puramente passivo, alcança a suprema atividade, que se estende muito além da vida, enquanto que a sua busca e empenho conscientes apenas o conduziram à passividade"[2]. O filósofo considera Édipo o "puro *sofredor*", protagonista do "hino triunfal do *santo*", que não alcança seu *telos* na função pública, mas na condição de potência ctônica, que protege eternamente sua nova *pólis*, Atenas.

Não seria equivocado definir *Édipo em Colono* como um drama, mais do que como uma tragédia. Nele não encontramos nenhuma ação que provoque a ruína do personagem central. É justamente a falta de ação (não retorno a Tebas) que causa a desgraça de um personagem secundário (Polinices). O infortúnio de Édipo é um dado irreversível. Nada pode agravá-lo ou remediá-lo. Nem mesmo o fato de o personagem não ser criminoso. Se, por um lado, a reviravolta do destino está ausente desse texto – elemento fundamental na tragédia, segundo Aristóteles –, por outro, nele não faltam situações dramáticas, desencadeadas particularmente pelos diálogos. É o que permite a Édipo manter presente, até o fim, a imagem vigorosa, contrastada com seu físico debilitado. Trata-se de um drama moral, em que a grandeza do personagem se destaca sobretudo diante da pequenez de seus interlocutores antagonistas, Creonte e Polinices. Como registra o velho rei exilado, ele se tornou

2 Friedrich Nietzsche, *O Nascimento da Tragédia ou o Helenismo e Pessimismo*, tradução, nota e posfácio de J. Guinsburg, São Paulo, Companhia das Letras, 1992, p. 64.

alguém quando já não era ninguém. E esse alguém em quem ele se torna, que, aos olhos dos chefes tebanos, vive nele apesar dele, se deve à sua função tutelar *post-mortem*. Creonte e Polinices requerem a proteção do personagem, não a sua pessoa. O oportunismo político eclode em diálogos de construção admirável, nos quais Édipo alude não só à sordidez atual, mas também a fatos antigos, quando seus parentes assistiram passivamente à sua expulsão de Tebas. Anos transcorreram entre o banimento de Tebas e os diálogos mantidos na peça, mas esse longo hiato não altera em nada a índole do herói e a vilania dos dois membros de sua estirpe. Não à toa, encontramos nessa obra dois comentários extraordinários sobre o tempo, nos quais entrevemos o pessimismo acerca da instabilidade das decisões humanas e da predominância da experiência negativa na vida:

ÉDIPO:
Cronos, panforte, a tudo o mais consome.
A terra perde o viço; o corpo, idem;
confiança morre, desconfiança aflora
e mesmo o sopro da alma entre os fraternos
é mutável, como o é intercidades.
A uns no presente, a outros mais à frente,
o afeto azeda e logo após readoça.
Teu convívio com Tebas te parece
um dia de sol, mas Cronos, infinito
em seu curso, infinita noite e dia,
e a sintonia das mãos hoje estendidas,
a lança anula-a por motivo frívolo.

(vv. 609-620)

CORO:

...

O não ser nato
vence todo argumento. Mas,
advindo à luz,
o rápido retroceder
ao ponto de origem
é o bem de segunda magnitude.
Quando a neofase passa e a vanidade
da irreflexão,
qual golpe pluridor se exclui,
qual pesar não se inclui?

(*vv.* 1224-1232)

Consideradas da perspectiva presente de Édipo, piores do que as ações que lhe causaram desgraça no passado, foram as atitudes tomadas por seus familiares diante de sua ruína. As primeiras – defende-se Édipo – foram ditadas pelos deuses; as segundas, pela ambição desmesurada. O que torna possível a Édipo fazer essa reflexão é que de certo modo também ele possui uma dimensão eterna, divinizada, enquanto futuro herói protetor. Não tivesse recebido esse poder perene, estaria reduzido à débil imagem com que se apresenta no início da peça. Esse aspecto acentua o tom patético dos diálogos que Édipo trava com seus inimigos. É evidente, em seu encontro com Creonte e Polinices, que, aos olhos dos dois, ele nada vale pelo que foi ou é, mas pelo que será, apesar dele. É em relação a essa situação que os debates adquirem maior tensão.

Édipo em Colono é a mais extensa tragédia grega que chegou até nós. Para helenistas eminentes do início do século xx, como Ulrich von Wilamowitz-Moellendorff[3] e Adolf von Mueller[44], a peça careceria de unidade e de tensão dramática, defeitos que atribuem à idade avançada de Sófocles ou à intervenção de um autor menor, responsável pela alteração de características originais da obra. Wilamowitz considera, por exemplo, desnecessária a presença de Ismene (um mensageiro teria sido suficiente), e excessivamente longa a distância que separa o anúncio da morte de Édipo de sua ocorrência. Mueller, no mesmo sentido, opina que tampouco Polinices influi na ação, e que nada haveria de dramático no fato de um velho "querer acabar com sua vida miserável". Cabe indagar se, ainda hoje, nos devemos restringir a critérios de unidade da ação e de tensão dramática na leitura da peça. Se partirmos do princípio de que nenhum revés poderia agravar a condição de Édipo, seremos levados a buscar o interesse da tragédia em outro ponto. E esse interesse não é pequeno. Aos 90 anos de idade, Sófocles compôs um réquiem. A melancolia de Édipo não deriva da reavaliação de sua própria situação, nem de algum episódio inusitado, que pareceria artificial no caso de alguém chegado ao extremo da privação. Presenciamos a amargura serena de um olhar em perspectiva, voltado para o passado tebano e para o seu presente, no qual perdura a mesma sordidez moral de outrora. A persistência do vício no âmago de sua família, entre sua saída de Tebas e sua chegada a Colono, não deve ser considerada um dado insignificante na estrutura do drama, pois é ela que permite

---

3 Cf. estudo incluído no livro de seu filho Tycho von Wilamowitz-Moellendorff, *Die dramatische Technik des Sophokles*, Berlin, 1917, pp. 330-337.

4 Adolf Mueller, *Aesthetischer Kommentar zu den Tragoedien des Sophocles*, 1913, p. 134 s.

a Édipo e ao coro formularem comentários pesarosos sobre o tempo e a experiência humana. Assistimos sobretudo a um personagem que, prestes a alcançar a sobrevida, observa pela última vez o poder devastador da ambição que corrói o governo em Tebas e destrói sua família. É a grandeza de sua manifestação indignada e inflexível que constitui – pode-se dizer – a grandeza da última tragédia de Sófocles.

ÉDIPO EM COLONO, DE SÓFOCLES

ÉDIPO:

Filha de um velho enceguecido, Antígone!
Aonde chegamos, quem habita a pólis?
Alguém acolherá com dons exíguos
Édipo, agora, um vagamundo, em casa?
5 Requeiro um mínimo e consigo um ínfimo
do mínimo pedido. A mim me basta.
Pathos, o padecer, me ensina, e Cronos,
delongado magíster, e a nobreza.
Se um posto avistas, filha, num recinto
10 pisado por humano, em bosque sacro,
me assenta ali. Mister é conhecer
o logradouro. Forasteiros, quanto
os cidadãos nos ditem, cumpriremos.

ANTÍGONE:

Ó malfadado pai! Diviso mal
15 as torres protetoras da cidade.
Vinhas viçam, olivas, louros: este
sítio é sagrado. Trinam rouxinóis
na parte interna, arrufam a plumagem.
Dobra os membros na rude penha! Sênex,
20 padeces da distância percorrida.

ÉDIPO:

Acomoda-me, pois, cuida do cego!

ANTÍGONE:

O tempo fez-me veterana nisso.

ÉDIPO:

Podes me esclarecer onde é que estamos?

ANTÍGONE:

Desconheço o local; avisto Atenas.

ÉDIPO:

Os transeuntes já nos tinham dito.

ANTÍGONE:

Indago a toponímia no arrabalde?

ÉDIPO:

Exato, e se alguém mora no local.

ANTÍGONE:

Mora. Não é preciso ir atrás
da informação: um homem vem chegando.

ÉDIPO:

Aperta o passo em nossa direção?

ANTÍGONE:

Ei-lo presente. Fala o que julgares
adequado falar, que o tens à frente.

ÉDIPO:

Estrangeiro, quem vê por si e por mim
me diz que és um perquisidor propício:
mergulhados em dúvidas, ajuda-nos!

ESTRANGEIRO:

Nada perguntes do lugar que ocupas,
pois pisas num espaço proibido.

ÉDIPO:

Onde estamos? Que deus cultuam aqui?

ESTRANGEIRO:

Solar inabordável! Têm-no as filhas
da Treva e Terra, deusas terroríficas.

ÉDIPO:

Como invocá-las? Qual seu nome augusto?

ESTRANGEIRO:

Panvisivas, o povo as chama Eumênides,
Afáveis. Têm mais apelidos lindos.

ÉDIPO:

Acolham favoravelmente um súplice:
45 não abandono o abrigo desta terra.

ESTRANGEIRO:

Será que entendo bem?

ÉDIPO:

Minha desdita dita.

ESTRANGEIRO:

Banir-te ou não banir-te? Sem que a pólis
avalize, vacilo. O que farei?

ÉDIPO:

Não me desonres, pelos deuses! Rogo
50 que elucides um erradio aflito!

ESTRANGEIRO:

Falas do quê? Tua honra ninguém tira.

ÉDIPO:

Qual o nome do espaço onde pisamos?

ESTRANGEIRO:

Se me ouves, saberás tudo o que sei.
O sítio todo é santo. Nele mora
55 Posêidon, venerável, e o titã
Prometeu porta-fogo. Umbral de Bronze,
Alicerce de Atenas, chamam onde

pisas. O arqui-senhor Colono, o eqüestre,
domina o campo vicinal. Orgulham-se!
60 O nome dele a todos, em comum,
os denomina, qual seu protetor.
É tudo, peregrino. Sem a pompa
da história, o conto no local vigora.

ÉDIPO:

Então há residentes nestas glebas?

ESTRANGEIRO:

65 Há sim e são epônimos do deus.

ÉDIPO:

O povo tem voz? Vez? Alguém o rege?

ESTRANGEIRO:

O basileu da pólis reina aqui.

ÉDIPO:

E quem, mais forte, impõe a própria fala?

ESTRANGEIRO:

Filho do ancestre Egeu; Teseu se chama.

ÉDIPO:

70 Algum de vós transmite-lhe um recado?

ESTRANGEIRO:

Para fazê-lo vir ou dar-lhe as novas?

ÉDIPO:

Com pouca ajuda, muito há de colher.

ESTRANGEIRO:

O que pode esperar de quem não vê?

ÉDIPO:

O que eu disser se tornará visível.

ESTRANGEIRO:

75 Sabes como evitar o passo em falso?
É um bem-nato, vê-se, de má sorte.
Não te removas de onde me surgiste,
até que eu tope e fale com terrícolas
(não buscarei nenhum cosmopolita).
80 Decidirão se ficas ou se partes.

ÉDIPO:

O estrangeiro, menina, já se foi?

ANTÍGONE:

Sim, fala sem temor, meu pai; além
de mim ninguém te poderá ouvir.

ÉDIPO:

Ó venerandas, olho-torvo, quando
85 cheguei aqui, me recostei primeiro
em vosso espaço. Não me renegueis,
a mim e a Foibos, que ao prever meus males,
anunciou-me o repouso, após longuíssimo

período, ao atingir região distante:
90 deusas magnas me acolheriam onde
se romperia o fio da triste vida.
Benesses a quem me acolhesse em casa;
Ate, a Desgraça, a quem me renegasse!
O advento de um sinal me indicaria:
95 sismo, trovão, relâmpago de Zeus.
Agora dou-me conta de que só houve
viagem porque vosso presságio alado
e fiável conduziu-me ao bosque sacro.
Senão, em minha errância, não teríamos
100 nos encontrado – um sóbrio junto a deusas
que não bebem –, vazio o assento sacro
da laje não-lavrada. Ouvi Apolo,
deixai que a minha vida aqui termine,
se sou merecedor de alguma ajuda,
105 sempre sujeito à hiperdor humana!
Filhas-dulçor da imêmore Penumbra!
Magna Palas, cognominada Atenas,
palma-honor no universo das cidades!
Não vos dá pena um ser fantasmagórico,
110 Édipo, ex-corpo do que outrora foi?

ANTÍGONE:

Silêncio! Chegam homens avançados
em cronos. Vêm inspecionar teu posto.

ÉDIPO:

Me calarei. No bosque à beira-estrada,
ocultarás meus passos. Lá me inteiro

115 do tema da parlenda. A salvaguarda
do que fazemos é o conhecimento.

CORO:

Esquadrinha! Quem era? Onde está?
Acuado, excêntrico, onde se enfiou
o mais audaz,
o mais audaz
120 de todos?
Escruta! Busca!
Perscruta cada ângulo!
125 Vagamundo um vagamundo, um sênex, um in-
truso! Ninguém daqui aborda o bosque inabordável das virgens in-
submissas.
Trêmulos, nomeamo-las.
130 Desfitando-as, ladeamo-las,
áfonos,
tácitos
movendo o lábio do pio pensar.
Corre agora o rumor
sobre a vinda de um sem-pudor.
135 O exame exaustivo do templo
não o trouxe a mim.

ÉDIPO:

Eu sou aquele! Enxergo pela voz,
como se diz.

ÉDIPO EM COLONO

CORO:

140 Oh!
Pavor de aparição! Pavor de voz!

ÉDIPO:

Rogo não ser tratado como anômalo!

CORO:

Zeus protetor, quem é este senhor?

ÉDIPO:

Alguém que não merece cumprimentos
145 por seu destino, ó éforos da terra;
caso contrário, não me arrastaria
com olhos de terceiros, escorando
meu corpo enorme em bases diminutas.

CORO:

Olhos ocos!
150 Acaso os tens de berço?
Pareces veterano em contratempo.
De minha parte,
não incorporas outras maldições.
155 Pervasivo invasor,
pretendes alcançar o arbóreo vale
do silêncio,
onde à cratera pleniaquosa do lago

160 o eflúvio-mel se mescla, delibado?
Evita-o, peregrino pan-sinistro!
Afasta-te! Desloca-te! A desmesura
das veredas nos aparta.
165 Escuta-me, andarilho pluri-sofrente!
Portas palavra ao parlatório?
De onde a lei veta, evade-te!
Fala de onde é lícito!
Lacra os lábios antes disso!

ÉDIPO:

170 Filha, como orientar meu pensamento?

ANTÍGONE:

É aconselhável proceder segundo
os cidadãos, cedendo em tudo e ouvindo-os.

ÉDIPO:

Segura a minha mão.

ANTÍGONE:

Toco-a.

ÉDIPO:

Estrangeiros, me fio em vós. A justa
175 Dike não há de me punir: me afasto!

CORO:

Ninguém te arranca, velho,
do posto onde recosta-te.

ÉDIPO EM COLONO

ÉDIPO:

Avanço?

CORO:

Um passo a mais.

ÉDIPO:

Mais?

CORO:

180 Guia-o, moça, à frente!
Tens olhos, vês!

ANTÍGONE:

Adianta, pai, adianta o passo turvo
por onde eu te conduzo!
...

CORO:

Não hesites, ó mísero!
185 Estranho em terra estranha,
aceita dizer *não*
ao que a pólis nega e *sim*
ao que venera!

ÉDIPO:

Guia-me, filha!
Sobrepisando o solo puro,
190 falemos e escutemos!
É inútil combater o imperativo!

CORO:

Basta! Não apóies
os pés além-degrau pétreo.

ÉDIPO:

Assim?

CORO:

Não ouves? Pára!

ÉDIPO:

Devo sentar-me?

CORO:

195 Arcado à beira-rocha,
de cócoras, abaixo.

ANTÍGONE:

Te oriento, pai. Com calma,
harmoniza teu passo na passagem.

ÉDIPO:

Tristeza!

ANTÍGONE:

200 Reclina o corpo idoso
nos meus braços de filha.

ÉDIPO:

Atra Ate, Ruinosa!

CORO:

Sem a tensão de antes, miserável,
fala: de quem és filho?
205   Quem se deixa levar, multi-sofrido?
Tua pátria, podes nos dizer ao menos?

ÉDIPO:

Forasteiros,
um sem urbe, porém não...

CORO:

Desafirmas o quê, velho?

ÉDIPO:

210   Não! Não! Não me interrogues o nome;
não dês prosseguimento ao teu inquérito!

CORO:

Por qual motivo?

ÉDIPO:

Horror de nascimento.

CORO:

Fala!

ÉDIPO:

Filha, o que há de ser?

CORO:

215   De que sêmen provéns? Quem é teu pai?

ÉDIPO:

Ó minha filha, o que padecerei?

CORO:

Fala! Andas sobre o fio de uma navalha!

ÉDIPO:

Direi, já que ocultar não me é possível.

CORO:

Os dois retardam. Quero rapidez!

ÉDIPO:

Algum de vós conhece a laia de Laio?

CORO:

220   Ai de Laio!

ÉDIPO:

A família dos Labdácidas?

CORO:

Ai! Zeus!

ÉDIPO:

Édipo, o desditoso?

CORO:

Ele és tu?

ÉDIPO:

Não vos traga temor a minha fala.

CORO:

Horror!

ÉDIPO:

Desdouro!

CORO:

Ai!

ÉDIPO:

225   O que há de suceder, Antígone?

CORO:

Fora! Longe! Deixai este país!

ÉDIPO:

É assim que empenhas tua palavra?

CORO:

A moira punidora não persegue
230   o punidor de um prévio padecer.

Engano pago com engano,
um pelo outro, como paga
obtém a pena, não o júbilo.
Remove-te
de volta,
de novo,
excêntrico,
das sedes!
Some do meu solo!
235   Dispenso o acréscimo de males
à cidade natal!

ANTÍGONE:

Estrangeiros, ânima-pureza!
Ele, o velho pai, o meu,
não tolerais,
240   ao relatar ações involuntárias?
Por mim, inútil, o par suplica:
piedade!
Por meu pai – meu único! – rogo,
rogo, fixando, não-cega, meus olhos
em vossos olhos,
245   qual fora consangüínea:
respeitai o mísero!
Malfadados, buscamo-vos,
como a um deus.
O imprevisto favor, nos concedei!
250   Rogo-te, pelo que toca o íntimo –
filho, tálamo, deus, tesouro!
Ninguém logra evadir-se

– me aponte um só! –,
se um nume o norteia.

CORO:

O horror que acometeu a dupla faz
255 com que soframos igualmente, Antígone;
tememos, entretanto, ações divinas.
Esmoreço: falar mais me é impossível.

ÉDIPO:

Para que serve a fama e o belo nome,
se o que resulta é vão? Atenas (dizem)
260 é uma pólis divino-devotíssima.
Só ela abriga o forasteiro aflito,
só ela sabe como defendê-lo.
Não sou merecedor do benefício?
Desalojado, agora me banis?
265 Meu nome atemoriza? Nem meus atos
remotos amedrontam, nem meu corpo.
Os atos padeci, não cometi,
se posso mencionar meus genitores,
que fomentam o atual pavor. Bem sei.
270 Nada macula minha natureza:
reagi ao que sofri. Acaso fui
agente ciente? Quem me diz que errei?
Cheguei aonde cheguei nada sabendo;
sofri por quem, sabendo, me arruinou.
275 Não me constrange, pois, vos suplicar:
salvai-me, como há pouco me afastastes!
Honrar os deuses e negar aos deuses

sua moira é um contra-senso. Recordai
que com os mesmos olhos deuses vêem
280 o impuro e o puro. Alguém pode citar-me
um homem ímpio, prófugo dos numes?
A boa estrela de Atenas, sem os deuses,
obnubilas, autor de ações sacrílegas.
Houve promessas: resguardar o súplice!
285 Defende-me! Protege-me! O que é duro
de olhar, mira, sem desonrar-me: o rosto!
Sou puro, consagrado, e trago à gente
daqui vantagens. Vindo o líder mor,
seja quem for que vos comande, tudo
290 conhecerás, ouvindo-me o relato.
Nesse ínterim, não sejas pusilânime!

CORO:

Teus entimemas, velho, metem medo;
profere-os com linguagem ponderada.
Mas devo te informar que a decisão
295 será tomada por quem rege o país.

ÉDIPO:

E onde se encontra o líder soberano?

CORO:

Habita a pólis pátria. O mesmo núncio
responsável por minha vinda busca-o.

ÉDIPO:

Ouvindo o próprio íntimo, ele zela
300 por um enceguecido, vindo aqui?

CORO:

Assim que pronunciem teu nome, parte.

ÉDIPO:

E quem vai ser o anjo mensageiro?

CORO:

Longa é a rota. As palavras dos viajores
amam se propagar. Quando as ouvir –
305 coragem! – ele vem. Teu nome, velho,
pervade cada canto! Mesmo se
dormir em paz, tão logo saiba, acorre.

ÉDIPO:

Nos traga a boa sorte, a mim e à pólis:
o homem de estirpe é amigo de si mesmo.

ANTÍGONE:

310 Ó Zeus! O que dizer, pensar, meu pai?

ÉDIPO:

O que se passa, Antígone?

ANTÍGONE:

Avisto uma mulher vindo a galope
em potra étnea.
O sol estéril bate em seu chapéu
tessálio, toldo de seu rosto.
315 O que dizer?
É? Não é? Desvario?
Digo, desdigo sem saber o quê!
Infeliz!
Não mais duvido! Chispam olhos
320 afáveis na chegada. Sinais familiares!
Só pode ser, sim, é: Ismene!

ÉDIPO:

O que dizes, Antígone?

ANTÍGONE:

Eu vejo minha irmã,
tua filha. Reconhecerás sua voz.

ISMENE:

Duplo nome aprazível: minha irmã,
325 meu pai! Custou-me tanto vos achar,
me sobrecusta – ó dor! – vos ter à frente!

ÉDIPO:

Filha, estás entre nós?

ISMENE:

Vislumbro a moira má!

ÉDIPO:

Filha! Que aparição!

ISMENE:

Não sem sofrer.

ÉDIPO:

Toca-me, filha!

ISMENE:

330   Abraço simultaneamente os dois.

ÉDIPO:

Filhas-irmãs!

ISMENE:

Duplo viver sofrível!

ÉDIPO:

Eu. Ela.

ISMENE:

E a terceira, sem destino!

ÉDIPO:

O que te traz aqui?

ISMENE:

Me inquietava por ti, ó pai!

ÉDIPO:

Saudade?

ISMENE:

E notícias, das quais sou portadora
eu mesma, com o servo em que me fiei.

ÉDIPO:

335 E onde se encontram teus irmãos? Não sofrem?

ISMENE:

Onde estiverem, dores lhes sobejam.

ÉDIPO:

Aos dois moldaram hábitos do Egito,
no estilo de viver, no próprio ser,
pois lá o varão, sentado em casa, tece
340 ao tear, enquanto sua consorte sai
à rua em busca de sustento, sempre.
No que vos tange, o encargo caberia
a quem mora em morada feito moça,
mas ao invés dos dois, vós duas – tristeza! –
345 suportais a desgraça. Uma, bem nova,
corpo rijo, comigo desde a infância,
companheira num périplo sem moira,
gerontocondutora em bosque virgem,
jejuna e sem calçado andando ao léu.
350 Trovões estrondam, sóis estuam, mas
para a infeliz sofrente é secundário
o aconchego do lar, se o pai se nutre.

ÉDIPO EM COLONO   45

E tu, garota, ao pai trouxeste outrora
os oráculos todos (à socapa
355   dos cádmios), quantos concerniam a mim.
Verdadeira guardiã, quando enxotaram-me.
Que história, Ismene, vens contar-me agora?
Deixaste o teu conforto com que escopo?
Tua vinda não é um vácuo, pois me trazes
360   – eu posso pressenti-lo! – horríveis novas.

ISMENE:

Padecimentos, pai, eu padeci,
buscando onde abrigavas teu viver.
Poupo a mim mesma desse assunto: em dobro
me afligiria, rememorando os fatos.
365   Teus dois filhos sem moira, o mal os ronda!
É isso o que me fez agora vir.
O acordo era doar o trono a Creonte
e preservar assim a urbe imácula.
Tinham em mente a ruína da família,
370   o horror que fulminara tua morada.
Obra de um deus, de mente maquiavélica,
a negra Erínia fez dos dois rivais:
a dupla agora quer poder e cetro.
Cronologicamente júnior, um
375   do anterior Polinices usurpou
o trono, desterrando-o da cidade.
Este, segundo o boato lá corrente,
fugiu para a concavidade argiva.
Recém-marido, arregimenta amigos
380   armados. Argos predomina em Tebas,

ou Tebas ergue ao céu-urânio a glória!
Não vejas nisso, pai, um vanilóquio,
os próprios fatos horrorizam. Deuses
se apiedam de tua pena. Quando? Ignoro.

ÉDIPO:

385   Os deuses olharão por mim? Crês nisso?
Hão de querer me resgatar um dia?

ISMENE:

Sim, pai, segundo oráculos de agora.

ÉDIPO:

E o que, proféticos, nos anunciam?

ISMENE:

Morto ou vivo, os tebanos devem vir
390   te resgatar. Só assim eles prosperam.

ÉDIPO:

Um homem como eu lhes traz sucesso?

ISMENE:

De ti emana a força, eis o que afirmam.

ÉDIPO:

Me fiz alguém ao me tornar ninguém?

ISMENE:

Pré-ruinosos, os numes ora te erguem.

ÉDIPO EM COLONO

ÉDIPO:

395 Tombei na flor-da-idade. Erguer-me é inútil.

ISMENE:

É iminente a chegada de Creonte.
É bom que saibas que ele vem por isso.

ÉDIPO:

Por que motivo? Explica-te, menina!

ISMENE:

Vem para te alojar vizinho a Tebas;
400 sem que entres na cidade, te dominam.

ÉDIPO:

Como lucram, se me sepultam fora?

ISMENE:

Tombam se se descuidam do teu túmulo.

ÉDIPO:

Não é preciso um deus para ver isso.

ISMENE:

Essa é a razão por que te querem ter
405 à beira-Tebas, de onde não comandas.

ÉDIPO:

Merecerei o pó tebano ao menos?

ISMENE:

O sangue de um parente, ó pai, impede-o.

ÉDIPO:

Pois sobre mim jamais terão poder.

ISMENE:

Isso fará sofrer um dia os cádmios.

ÉDIPO:

410 Em que sentido? Sabes me explicar?

ISMENE:

Do sepulcro, tua cólera os atinge.

ÉDIPO:

De quem ouviste o que agora dizes?

ISMENE:

De quem esteve no santuário délfico.

ÉDIPO:

Assim falou Apolo sobre mim?

ISMENE:

415 Conforme quem de lá voltou a Tebas.

ÉDIPO:

E meus filhos puderam escutá-lo?

ISMENE:

Ambos os dois estão a par de tudo.

ÉDIPO:

E ciente, a dupla de canalhas ante-
põe o poder à sua afeição por mim?

ISMENE:

420   Te escuto, sofro e mais não sei falar.

ÉDIPO:

Que os numes não anulem a disputa
fatal! Que o desenlace da batalha
travada pelos dois, cruzando espadas,
seja prerrogativa minha! O dono
425   atual do trono e cetro assistirá
em breve à própria queda. Quanto ao outro,
expatriado, não mais retornará.
Quando, humilhado, me defenestraram,
nem um nem outro defendeu-me – o pai! –,
430   frente à proclamação do arauto: "exílio!"
Dirás talvez que a pólis me outorgava
corretamente o que eu reivindicara.
Não foi assim. Naquele mesmo dia,
minh'alma delirava e doce a morte
435   teria sido, por seixos lapidado.
Ninguém correspondeu ao meu querer.
O tempo foi passando e a dor com ele.
Dava-me conta de que o coração
se excedera ao punir prévios errores.

440 Então, depois de longo tempo, a urbe
baniu-me à bruta, e os dois – meus filhos! –, aptos
a agirem pelo pai, ao pai negaram
ajuda. A meu favor, uma palavra
sequer foi proferida, um erramundo
445 no ostracismo. Das duas, moças, quanto
a natureza lhes faculta, vem
meu pão. Guardam meu sono – amor de filha!
Inimigos do pai, os dois preferem
subir ao sólio, obter o cetro: o império!
450 Jamais hão de contar com meu auxílio,
jamais hão de gozar do mando em Tebas!
Baseio-me no que me disse Ismene
do oráculo e em antigas profecias
que Apolo fez surgir a meu favor.
455 Mandem Creonte vir me capturar,
um outro figurão em seu lugar.
Estrangeiros, se intercedeis por mim,
tal qual as magnas deusas tutelares
do país, um salvador de vulto vossa
460 urbe ganha, e os odiados, só pesar!

CORO:

Mereces comiseração, tuas filhas
também. Te autoproclamas salvador
de nossa terra. Escuta o meu conselho
que poderá render-te benefícios.

ÉDIPO:

465 Me ajuda, amigo; sigo tudo à risca.

CORO:

Oferta um rito puro de catarse
às deusas cujo espaço antes violaste.

ÉDIPO:

De que maneira, forasteiro? Ensina-me!

CORO:

Começa por trazer água lustral
470   de fonte eterna, com mãos depuradas.

ÉDIPO:

E quando eu dispuser da água límpida?

CORO:

Recobre a borda das crateras, obra
de um mestre, e o dúplice bocal alado.

ÉDIPO:

Cobrir com quê? Felpas de lã? Ramagens?

CORO:

475   Pega um recém-cordeiro e tosa o pelo.

ÉDIPO:

E, depois, como eu devo proceder?

CORO:

Verte a oferenda, firme, pró-levante!

ÉDIPO:

Derramo-a das crateras mencionadas?

CORO:

Sim, três vezes. Deliba tudo à última.

ÉDIPO:

480 Devo enchê-la com quê? Me instrui, magíster!

CORO:

Com hidromel. Não adiciones vinho!

ÉDIPO:

E quando a folha negra umedecer-se?

CORO:

Três ramos vezes nove de oliveira
depõe – cuidado! – e entoa a litania!

ÉDIPO:

485 Desejo ouvi-la, tal sua relevância.

CORO:

"Conclamo as Beneméritas Eumênides
a receberem bem o sóter súplice!"
Faze a prece ou alguém no teu lugar;
baixando o tom, emite o som secreto.
490 E parte sem voltar a face! Assim
agindo, me encorajo e te auxilio.
De outro modo, por ti eu me apavoro.

ÉDIPO:

Filhas, o morador daqui foi claro?

ANTÍGONE:

Perfeitamente. Ordena, que o faremos!

ÉDIPO:

495 Um duplo mal me impede a ida: a falta
de vigor e visão. Uma das duas,
indo até lá, assuma o meu lugar!
Uma ânima-psiquê vale por mil,
se, jubilosa, homenageia o deus.
500 Rejeito atrasos, mas não quero estar
só. Impotente, o corpo do eremita
não se desloca, sem que alguém o guie.

ISMENE:

Irei cumpri-lo. Quero antes saber
em que ponto se localiza o sítio.

CORO:

505 Além-floresta, peregrina. Alguém
de lá, caso precises, te instruirá.

ISMENE:

Já me encaminho. Irmã, cuidar do pai
é encargo teu. Se pelos pais padece-se,
mister é deslembrar o padecer.

CORO:

510 O mal que há muito jaz, ó forasteiro,
horror é despertá-lo.
Mas a curiosidade...

ÉDIPO:

De quê?

CORO:

Do agudo sofrimento
com que te deparaste, incontornável.

ÉDIPO:

515 É papel do anfitrião revolver
o sofrimento horrível?

CORO:

Desejo ouvir de tua própria boca
o raconto que nunca se calou.

ÉDIPO:

Ai!

CORO:

Suplico! Satisfaze-me!

ÉDIPO:

Dor!

CORO:

520 Cede! Quanto o desejes, cumprirei.

ÉDIPO:

Arquei com o pior, ó forasteiro,
arquei sem o querer
– saiba o deus! –,
malgrado meu.

CORO:

Em relação a quê?

ÉDIPO:

Num leito infame,
525 a pólis me enlaçou, nada sabendo,
na ruína de um matrimônio.

CORO:

Te deitaste, conforme eu escutei,
no impronunciável leito maternal?

ÉDIPO:

Ó dor! Te ouvir é equivalente à morte,
530 ó estrangeiro! E essas duas, de mim...

CORO:

Como?

ÉDIPO:

... filhas, dupla desgraça ...

CORO:

Zeus!

ÉDIPO:

... que a mãe delas – a minha! – deu à luz.

CORO:

Ambas são filhas e ...

ÉDIPO:

535   ... irmãs do próprio pai.

CORO:

Horror!

ÉDIPO:

A profusão de males me confunde!

CORO:

Sofreste...

ÉDIPO:

...o que não me esqueceu!

CORO:

Cometeste...

ÉDIPO:

De modo algum!

CORO:

Estranho.

ÉDIPO:

540 Útil à pólis,
sofrido-coração, ganhei um dom.
Nunca o tomara!

CORO:

Aziago! Então mataste...

ÉDIPO:

Queres que eu elucide o quê?

CORO:

Teu pai?

ÉDIPO:

Ai! Pai! Segundo golpe: feres a ferida!

CORO:

Mataste...

ÉDIPO:

545 Matei, mas...

CORO:

O quê?

ÉDIPO:

... posso justificar-me.

CORO:

Como?

ÉDIPO:

Direi:
Matei sem o saber, dei cabo dele.
Sou puro frente à lei, pois ignorava-o.

CORO:

Mas eis que chega nosso rei Teseu,
550   filho de Egeu, sensível a teus rogos.

TESEU:

Muita gente falou-me no passado
da sangüínea mutilação dos olhos;
por isso eu sei quem és, filho de Laio;
e o que escutei ao vir só me confirma.
555   Teus andrajos, teu rosto decomposto
denunciam: és quem és! Compadecido,
te interrogo, Édipo funesto: súplice,
recorres à urbe e a mim querendo o quê,
amparado por moça sem fortuna?
560   Teu ato terá sido assim terrível,
a ponto de eu recuar? Ouço o relato.

ÉDIPO EM COLONO

Recordo que também cresci no exílio
como tu; mais do que ninguém, no exílio,
minha própria cabeça pus em risco:
565   não posso agora te virar as costas,
negar ajuda a quem provém de alhures.
Sou ser humano e sei que o amanhã
não me pertence mais do que a ti mesmo.

ÉDIPO:

Teseu, tuas palavras breves mostram
570   o quanto és nobre. Poderei ser curto:
quem sou, que nome tem meu genitor,
de onde provim, acabas de dizê-lo.
Me sobra muito pouco a esclarecer:
o motivo de estar aqui. E encerro.

TESEU:

575   Pois, sem demora, vai direto ao cerne!

ÉDIPO:

Venho te oferecer o dom de um corpo
torpe. Aparentemente sem valor,
é bem mais útil do que a forma esbelta.

TESEU:

Imaginas trazer-me que vantagem?

ÉDIPO:

580   Não deves conhecê-la antes do tempo.

TESEU:

Mas quando se revela tua dádiva?

ÉDIPO:

Quando eu morrer e então me sepultares.

TESEU:

Teu pedido se circunscreve à morte?
A vida nada vale ou a esqueces?

ÉDIPO:

585 Tudo fará sentido em meu *post-mortem*.

TESEU:

É menos que um favor o que me pedes.

ÉDIPO:

Não te iludas: requeiro algo de vulto!

TESEU:

Em relação a quem: a mim? Teus filhos?

ÉDIPO:

Farão de tudo para me raptar.

TESEU:

590 Se desejas voltar, o exílio é ruim.

ÉDIPO:

Os dois não permitiram quando eu quis.

TESEU:

Seu tolo! A ira é inútil no infortúnio.

ÉDIPO:

Critica-me depois de eu me explicar!

TESEU:

Fala! Não posso comentar se ignoro.

ÉDIPO:

595 Não padeci, Teseu, um mal, mas muitos!

TESEU:

Aludes à desgraça da família?

ÉDIPO:

Não. Disso a Grécia toda tem ciência.

TESEU:

O que provoca dor tão desumana?

ÉDIPO:

Eis o caso: procriei quem me expatriou.
600 Devido à condição de matador-
-do-pai, não poderei pisar em Tebas.

TESEU:

Mas não te querem arrastar à força?

ÉDIPO:

Foi uma imposição da voz divina.

TESEU:

Que sofrimento o oráculo predisse?

ÉDIPO:

605 Atenas vai destruí-los. Eis o aviso!

TESEU:

E qual será a causa desse atrito?

ÉDIPO:

Meu fraternal Egeide, o envelhecer
e a morte só os deuses desconhecem.
Cronos, panforte, a tudo o mais consome.
610 A terra perde o viço; o corpo, idem;
confiança morre, desconfiança aflora
e mesmo o sopro da alma entre os fraternos
é mutável, como o é intercidades.
A uns no presente, a outros mais à frente,
615 o afeto azeda e logo após readoça.
Teu convívio com Tebas te parece
um dia de sol, mas Cronos, infinito
em seu curso, infinita noite e dia,
e a sintonia das mãos hoje estendidas,

ÉDIPO EM COLONO

620 a lança anula-a por motivo frívolo.
Meu gélido cadáver encoberto
irá sorver o sangue deles, tépido,
se Zeus ainda for Zeus, e o filho seu,
Foibos, veraz. Mistério de sua fala
625 não me apraz mencionar. Volto ao começo:
mantém-te fiel! Jamais dirás que um hóspede
sem préstimo acolheste em casa – Édipo! –,
se, contra mim, os numes não me iludem.

CORO:

Há muito ele se mostra, rei, capaz
630 de cumprir sua palavra em prol de Atenas.

TESEU:

E quem renegaria o bem-querer
de alguém assim? Devemos partilhar
com hóspedes o fogo da lareira.
Um suplicante pio recorre a nós,
635 quer dar-me o sumo dom e à nossa pólis.
Merecedor do meu respeito, o arvoro
em residente. Acolho o seu favor.
Se o estrangeiro prefere estar aqui,
zela por ele! Mas, se tens em mente
640 ficar comigo, ancião, farei cumprir
tua decisão. Será tal qual escolhas.

ÉDIPO:

Concede, Zeus, o bem a gente assim!

TESEU:

O que decides? Vens comigo ao paço?

ÉDIPO:

Se me fosse possível. Mas aqui...

TESEU:

645 Deves fazer o quê? Não me oporei.

ÉDIPO:

Aqui enfrento e venço meus algozes.

TESEU:

Dizias ser grande o dom de tua presença.

ÉDIPO:

Se cumprires o que me prometeste.

TESEU:

Confia em quem jamais te irá faltar.

ÉDIPO:

650 Impomos jura a quem não confiamos.

TESEU:

Minha palavra então há de bastar.

ÉDIPO:

Como agirás?

ÉDIPO EM COLONO

TESEU:

O que provoca em ti temor tamanho?

ÉDIPO:

Homens virão...

TESEU:

Mas eles cuidam disso.

ÉDIPO:

Se me abandonas...

TESEU:

Não queiras me ensinar o que fazer!

ÉDIPO:

Me impele o medo...

TESEU:

655   Mas não temas meu coração.

ÉDIPO:

Não sabes das ameaças...

TESEU:

Mas sei perfeitamente bem
que ninguém te remove sem que anuas.
À fúria furibunda sobra ameaça
e termos vãos. Mas quando a luz retorna

66

660 à mente, ameaças logo se dissipam.
Isso lhes diz respeito: falem duro
no afã de te arrastar, e o mar – garanto! –
lhes abrirá sua face inavegável!
Rogo não desanimes! Mesmo se eu
665 não desse apoio, Apolo te mandou.
Mesmo comigo ausente, meu renome
impede que te abata o sofrimento.

CORO:

Belos corcéis –
eis, forasteiro, o país a que chegaste,
estábulo mais seguro da terra,
670 Colono branco-argênteo!
Seu hóspede contumaz é o rouxinol
docetrino,
sob os ramos dos vales:
pousa
em heras cor-de-vinho,
em copas de mil frutas,
675 invioláveis, divinas,
sem sol, sem vento da viragem,
por onde Baco,
Dionísio,
sempre adentra,
680 ciceroneando
suas nutrizes divinas.
Sob o orvalho urânio,
aflora, diário,
o narciso de lindas corolas

(arcaico diadema das deusas magnas),
o cróceo açafrão, raios-ouro.

685 Insones,
fontes não minguam
arroios nômades do Céfiso;
alcançam, ágeis fecundando
com o cristal das águas,

690 o campo amplictônio.
Nem o coro das Musas desdenha
o lugar,
nem Afrodite, rédeas-de-ouro.
Ali germina planta nunca vista
na Ásia,

695 na mega ínsula dórica de Pélops:
se auto-refaz, intocada,
terror da lança adversa.

700 Floresce, enorme, no lugar:
folhame da oliveira glauca,
nutriz-de-infantes!
Mãos exterminadoras, jovens ou velhos
não a erradicam.

705 Zeus, Moira do olival,
mantém aberto o círculo
de pupilas vigilantes,
também Atena, olhos glaucos.
Farei outro louvor magnânimo

710 à urbe máter,
dom do mega deus,
mega orgulho ctônio:
belos eqüinos, belos potros, belo mar talásseo!

Filho de Cronos, Posêidon
potente, alçaste-a
ao ápice,
715 introduzindo nestas ruas, primeiro,
o freio modera-corcéis,
e o remo bem-lavrado às mãos:
sobrevoa o salso mar,
ímpeto milagroso,
seguidor das Nereidas,
cem-pés!

ANTÍGONE:

720 Ó solo multicelebrado!
Revela agora o brilho da tua história!

ÉDIPO:

O que há de novo, filha?

ANTÍGONE:

Creonte, ó pai,
se avizinha, escoltado por sua gente!

ÉDIPO:

Caríssimos anciãos! Se intercedeis
725 por mim – só assim! –, a salvação existe.

CORO:

Mantém a fibra! Vês um velho, mas
nosso vigor não vês envelhecido!

CREONTE:

Moradores do país de fina cepa,
noto que minha vinda trouxe um medo
730 repentino, que vos congela a vista.
Evitai o temor e termos rudes!
Não vim movido por motivo torpe;
sou velho e sei que chego a uma cidade
megapoderosíssima, sem par
735 na Grécia. Embora idoso, me mandaram
com a missão de convencê-lo à volta.
A determinação partiu de todos,
não de alguém isolado. Sou parente,
me apiedo de tua pena, mais que a pólis.
740 Ó Édipo infeliz, retorna ao lar!
Deves me acompanhar! O chamamento
do povo é unânime – clamor justíssimo! –,
mais justa é minha dor, senhor (o pior
dentre os mortais seria não condoído).
745 Vejo no exílio um ser perder o prumo,
erramundo, esfaimado divagante
escorado em menina. Sofro! Nunca
a imaginara cair numa ruína
assim, como ela agora cai, sem moira,
750 sempre solícita contigo, atrás
de um prato de comida. Jovem, nada
sabe das núpcias, à mercê de quem
primeiro a tome. Teu ultraje ultraja-me –
a ti, a mim, a toda nossa estirpe!
755 Eclipsar evidências é impossível!

Persuadido por divindade ancestre,
oculta o horror, retorna ao paço e à pátria
ancestre! Terno, diz adeus à pólis
digna! À própria morada sobretudo
760   devemos honorar: matriz nutriz!

ÉDIPO:

Que multivalentão! Como se fora
justa, tua fala multifária ilude!
Por que pretendes me reaprisionar
onde, se preso, eu sofreria mais?
765   Quando me acometeu o mal doméstico,
teria deixado a pátria satisfeito;
mas me negaste a graça, a grata Kháris.
Com o passar do tempo eu me acalmava
e me agradava já ficar em casa.
770   Foi quando resolveste me expulsar.
Nada valeu então o parentesco.
Ao ver que esta cidade inteira apóia-me,
tentas me remover dourando a pílula,
cruel de fala mansa! Tens prazer
775   em amar quem não te deseja o bem,
como se alguém a ti, necessitado
de algo, negasse ajuda e nada desse,
e a ti, já possuidor do que faltara,
doasse, quando favor favor não fosse.
780   Um tal prazer carece de valor.
O que me queres dar é nobre só
da boca para fora; é um mal de fato.

Agora mostro aos outros que és um mau.
Vens para conduzir-me não ao lar,
785 mas me enfiar nos confins; assim, a pólis,
imune ao mal, não correrá mais riscos.
Ganhas de mim algo diverso: Alástor,
o gênio vingador, se perpetua
lá. Meus filhos terão de minha terra
790 o espaço necessário para a cova.
Quem de nós dois melhor conhece Tebas?
Não dá nem para comparar! Eu! Disse-me
quem é veraz: Apolo e o próprio Zeus.
Trazes aqui tua boca subornada,
795 oca bocarra! Um palrador de causas
perdidas é o que és. A ninguém salvas.
Vai! Larga do meu pé! Sei bem que não
te dobro. Mesmo em meu estado, a vida
não pesará, se eu alcançar o júbilo!

CREONTE:

800 Imaginas prejudicar-me mais
do que a ti mesmo com a logorréia?

ÉDIPO:

Eu folgo em constatar que és impotente:
não convences a mim nem a ninguém!

CREONTE:

Infeliz! Cronos passa e não te ajuíza!
805 Alimentas de lixo tua velhice.

ÉDIPO:

Sua cascavel! Eu não conheço alguém
de bem que sobre tudo fale bem.

CREONTE:

Falta ao falaz falar o que é oportuno.

ÉDIPO:

Olha quem fala! És breve? És oportuno?

CREONTE:

810   Não para alguém com tua visão de mundo.

ÉDIPO:

Some! Falo também em nome deles:
deixa de policiar onde eu me fixo!

CREONTE:

Evoco o testemunho deles, não
de quem maltrata amigos. Se eu te prendo...

ÉDIPO:

815   Com meus aliados, quem ousa prender-me?

CREONTE:

Não é na própria carne que padeces.

ÉDIPO:

E como concretizas tua ameaça?

CREONTE:

Há pouco seqüestrei uma de tuas
filhas. Agora levo a outra: as duas!

ÉDIPO:

Ai de mim!

CREONTE:

820 Aos teus ais logo somas outros ais...

ÉDIPO:

Tens minha filha?

CREONTE:

E em breve a outra.

ÉDIPO:

O que fareis, amigos? Atraiçoando-me,
não expulsais daqui o homem ímpio?

CORO:

Fora daqui, estrangeiro! Chispa! Agora,
825 como antes, ages contra Dike, a Justa!

CREONTE:

Soldados, é hora de levá-la, mesmo
à força, se oferece resistência.

ANTÍGONE:

Pobre de mim! Fugir? Mas aonde? Quem
irá me socorrer: mortal ou deus?

CORO:

Estrangeiro, o que fazes?

CREONTE:

Com ele, nada, mas com ela: é minha!

ÉDIPO:

Ó reis do país!

CORO:

É injusto agir assim, seu forasteiro!

CREONTE:

É justo!

CORO:

Justo? Como?

CREONTE:

Levo quem me pertence.

ÉDIPO:

Ó pólis!

CORO:

835 Fazes o quê? Solta-a! Meus braços pesam!

CREONTE:

Fica longe!

CORO:

Mas não de ti, se é isso o que pretendes!

CREONTE:

Se me fizeres mal, os meus revidam!

ÉDIPO:

Não foi o que eu falei?

CORO:

Tira as mãos da menina!

CREONTE:

Mandas em quem comandas.

CORO:

Ordeno ao guarda: deixa-a!

CREONTE:

840 E eu: segue o teu caminho!

CORO:

Vinde, colonos!, vinde aqui!
A pólis, minha pólis, sofre! Arrasam-na!
Vinde!

ANTÍGONE:

Fado funesto! Arrastam-me, amigos!

ÉDIPO:

Onde estás, filha... minha?

ANTÍGONE:

845 Levam-me à força!

ÉDIPO:

Me estende as mãos, menina!

ANTÍGONE:

Não tenho condições!

CREONTE:

O que esperais?

ÉDIPO:

Infeliz, infeliz de mim!

CREONTE:

Não mais te apóias sobre duplo cetro
humano! Mas, se insistes em vencer
850 tua pátria e teus confrades, mandatários

ÉDIPO EM COLONO

de minha vinda (embora um rei-tirano),
vença! Com tempo saberás (eu sei!):
não praticas o bem, nem praticaste-o,
a despeito de amigos, contra quem
855   ofereces tua fúria – eterna mácula!

CORO:

Alto lá, forasteiro!

CREONTE:

Não ponhas tuas mãos em mim!

CORO:

Sem que eu as tenha, não irás embora!

CREONTE:

Logo hás de impor à pólis megamulta,
pois não vou restringir-me a ter a dupla.

CORO:

O que pretendes?

CREONTE:

860   Irei levá-lo preso.

CORO:

Falas o horror!

CREONTE:

A realidade!

CORO:

Se o rei deste país não te impedir.

ÉDIPO:

Voz desavergonhada! Vais prender-me?

CREONTE:

Cala tua boca!

ÉDIPO:

Que as deusas não me calem
865   antes que eu te maldiga: és um canalha!
Violento, me arrancaste olhos fragílimos,
que viam pelos que um dia tive. E partes.
Que Hélio-Sol, nume panvisivo, dê
a ti e aos outros membros da família
870   viver uma velhice como a minha.

CREONTE:

Vedes, ó moradores da região?

ÉDIPO:

Vêem a nós dois e sabem que eu, sofrendo
em tuas mãos, me defendo verbalmente.

CREONTE:

Pois não contenho meu furor. Sou velho
875   e lento, mas te levo à força e só.

ÉDIPO:

Tristeza!

CORO:

Imaginas concluir teu plano? Empáfia!

CREONTE:

Imagino!

CORO:

Só se Atenas deixar de ser cidade!

CREONTE:

880   Aliado ao justo, o débil vence o forte.

ÉDIPO:

É claro o que ele diz?

CORO:

Mas ele não fará.
...

CREONTE:

Zeus sabe e mais ninguém.

CORO:

Mas não personifica a petulância?

CREONTE:

Petulância que deves suportar!

CORO:

885 Ó povo! Ó chefes do país!
Rápido! Rápido! Já nos afrontam
a fronteira!

TESEU:

Que grito é esse? O que se passa? Suspendi o rito ao deus do mar, patrono
de Colono, no altar. Temeis o quê?
890 Meus pés não me são gratos, pois vim rápido!

ÉDIPO:

Amigo, tua voz me é conhecida!
Esse homem vem de impor-me o horror do ultraje.

TESEU:

Ultraje? Quem te fez sofrer? Me indica!

ÉDIPO:

Esse Creonte aí, a quem avistas,
895 retirou-me o tesouro: as duas filhas.

TESEU:

O quê?

ÉDIPO:

Sabes o que me aflige.

TESEU:

Algum ministro meu vá logo ao templo!
Arregimente quem achar, ginetes,
não-ginetes! Que o povo pare o rito!
900 À brida solta, devem dirigir-se
ao ponto onde confluem duas sendas:
as meninas de lá não passam! Esse
homem de alhures, gargalhando, não
me verga. Já mandei: vai! Se eu me irasse
905 na proporção em que merece Creonte,
os golpes do meu punho sentiria.
As normas que nos trouxe agora aplico-lhe,
– as mesmas! –, não recorrerei a outras.
Desiste de transpor nossas fronteiras,
910 sem antes me trazê-las, sãs e salvas!
Não passas de um canalha que age contra
mim, contra teus ancestres, contra a pátria!
Mas Dike, a Justa, é a bússola da pólis,
onde nada se cumpre ao arrepio
915 da lei. Com menoscabo do poder
daqui, chegaste aos trancos e barrancos,
impondo o teu desejo. Achavas frouxa
a cidade, sem homens e, eu, um verme?
Tebas não te educou para ser mau,
920 ela também renega o filho injusto.
Informada, reprovaria o modo
como predas meu reino e o consagrado –
o seqüestro do bem de um pobre súplice!
Fosse eu o usurpador do teu país,
925 mesmo amparado pela justa Dike,

contra o rei do lugar, fosse quem fosse,
não levaria ninguém à força, adepto
que sou de leis que regem estrangeiros.
Envergonhas tua pólis, ela não
930 merece alguém assim. O tempo avança,
te envelhece, te rouba a sensatez.
Repito o que há bem pouco já dizia:
as donzelas, alguém as traga logo,
se não queres, a contragosto, escravo
935 ficar no meu país. E o que me sai
da boca o dita minha mente lúcida.

CORO:

Vês no que deu? Tens o ar de justo (diz
tua origem); foste pego agindo mal.

CREONTE:

Deserta de homens tua urbe, abúlica?
940 Jamais ninguém me ouviu falar assim,
Egeide, como agora afirmas. Fiz
o que fiz sem supor que a um dos meus
dariam guarida, contra mim nutrindo-o.
A um matador-do-pai, um maculado
945 – pensei –, alguém cujo himeneu mostrou-se
tão impuro, jamais acolheriam.
No pico de Ares – sei – o sábio Areópago,
em conselho, não deixa a um vagabundo
morar qual fora cidadão, na pólis.
950 Fiando-me nisso, pus as mãos na presa.
Não teria feito, se Ara, a Imprecação

maldita, ele não invocara contra
mim e os meus. Foi porque reagi. Sou digno.
A ira não envelhece, só com morte
955 ela esmorece. Ao morto a dor não toca.
Procedas como preferires, pois
o fato de eu estar sozinho, embora
fale o justo, me debilita. Sou
idoso, mas tua ação terá reação!

ÉDIPO:

960 Seu pulha! Pensas que tua fúria insólita
me atinge, um velho, mais do que a ti mesmo?
Tua bocarra vomita contra mim,
núpcias, delitos, desventuras! Mísero,
busquei o que sofri? Aprouve aos numes,
965 ira antiga – quem sabe? – contra os meus.
Procura em mim o erro censurável
da hamartia! Não encontras. A hamartia,
erro horrível, nem contra mim, nem contra
os meus eu cometi. Responde: o oráculo
970 previu ao pai que o filho o mataria;
como vens censurar-me justamente,
se a semente vital máter-paterna
não existia e eu era um não-nato?
Se vim à luz qual vim, alguém sem sorte,
975 e às vias de fato com meu pai, matei-o,
nada sabendo contra quem agia,
reprovar-me por ato involuntário
é razoável? Forçar-me referir
o conúbio com minha mãe, tua irmã,

980 é uma vergonha, ó infame! Mas não calo,
pois tua boca imunda o mencionou.
Gerou, gerou-me – triste azar o meu! –
e, me gerando (nada então sabíamos!),
deu vida a nossos filhos, sua insídia!
Eis o que sei: por gosto, a mim e a ela,
985 enlameias os dois! Contragostando,
casei-me e a contragosto eu falo disso,
mas não aceito ouvir que sou culpado
pelas bodas e pelo assassinato,
990 assunto em que repisas, crudelíssimo.
Responde a uma pergunta apenas: se
alguém agora viesse te matar,
a ti, tão justo, indagarias se é teu
pai o assassino, ou no ato o punirias?
995 Se tens amor à vida – penso –, o vil
punirias, sem o exame do direito.
Foi como eu me meti num mal assim,
numes à frente. Se a ânima do pai
vivesse – creio –, não contestaria.
1000 Mas tu, injusto, crente que falar
de tudo é bom, o que se diz e não
se diz, me humilhas diante deles todos.
Achas belo adular Teseu e Atenas –
"que cidade mais bem administrada!".
1005 Chovem louvores, mas não te recordas
de que se algum lugar honora os deuses,
venera-os, nisso Atenas o supera.
E dela queres seqüestrar-me, um súplice
velho, metendo as mãos em mim, roubando-me

ÉDIPO EM COLONO   85

1010 as filhas! Eis por que eu invoco as deusas,
      suplico-lhes, conjuro-as com meus rogos:
      "ajudai um aliado!" Assim conheces
      que tipo de homem guarda esta cidade.

CORO:

      O forasteiro, rei, é nobre. Agruras
1015 plenianiquilam-no. Merece ajuda.

TESEU:

      Já chega de conversa! Quem raptou
      se apressa e nós, as vítimas, tardamos!

CREONTE:

      E o que deve fazer um indefeso?

TESEU:

      Acompanha-me! Exijo que me indiques
1020 a rota. Se tens parte na rapina,
      ninguém melhor será meu condutor.
      Se quem as sequestrou tiver fugido,
      darei um jeito: alguém, em meu lugar,
      o prende. Quero ver louvar os deuses!
1025 Sigo-te: foste predador; és presa!
      O acaso te caçou quando eras fera!
      Fugaz é o que se aufere com o dolo.
      Não contes com o apoio de comparsas!
      Só, de improviso, não chegaste ao cúmulo
1030 da prepotência como agora. Eu sei.

Um sócio teu ficou na retaguarda,
por isso eu abro os olhos. Não será
um homem só que fragilize a pólis.
Fui claro ou minha fala te parece
1035   pueril, como no instante em que tramavas?

CREONTE:

Nada censuro do que aqui disseres.
Sei como proceder, tornado ao paço.

TESEU:

Que medo! Vamos, já! Não fiques, Édipo,
aflito! Estás em nossa companhia.
1040   Se antes a morte não me tolhe, não
descanso até trazer-te as caras filhas.

ÉDIPO:

És generoso, rei, nada te falte!
Nada te falte pelo teu cuidado!

CORO:

Quisera estar
1045   onde os hostis em breve retrocedem,
confusos
na encosta pítia, sob
o brônzeo clamor de Ares,
o Bélico,
na orla lampadófora,
onde as veneráveis presidem
1050   ritos sigilosos

aos mortais!
Aos Eumólpidas, seus ministros belocanto,
impõem o lacre ouro do silêncio.
Teseu, o instiga-pugna, encontrará
1055 a dupla virginal de irmãs
nesse lugar,
em meio ao grito autárquico dos chefes.

Ou se enveredam rumo à Vésper,
1060 aos rochedos glaciais,
provindos da pastagem de Éa,
em fuga hípica,
em adversas parelhas de carros agílimos?
1065 É certa sua derrota.
Terrível, Ares, nos confins, belicoso!
Terríveis, os Teseides, potentes!
Plurifulgor nos freios!
Rédeas fléxeis, irrompe
1070 o bloco da cavalaria.
Honram a paladina eqüestre, Palas;
honoram o marinho circunterra,
predileto de Réa.

1075 Lutam ou estão a ponto de?
Pensamento de presságio:
rever em breve
quem padeceu horror extremo,
horror do ultraje consangüíneo.
No dia de hoje, Zeus cumpre o telos, o fim do fim?
1080 Sou profeta do triunfo armado.

Fora columba célere de procela,
remontaria à nuvem zenital,
sob
as batalhas
o olhar
pairando!

1085 Ó plenipotenciário olímpico,
ó Zeus multiocular,
concede aos próceres do país
a força triunfal de Nike,
o êxito na emboscada predadora!
1090 Tu e Palas Atena, filha augusta!
E ao caçador Apolo,
e à sua irmã, acossadora de cervos maculados,
pés-velozes,
suplico: vinde, dupla ajuda,
a esta terra!
1095 Socorrei o povo!

Não dirás do guardião, ó vagamundo:
"é um pseudoarúspice!". Vejo as meninas
escoltadas, em nossa direção.

ÉDIPO:

Onde, onde? O que me dizes, me disseste?

ÉDIPO EM COLONO

ANTÍGONE:

Ó pai! Ó pai!

1100 Que nume – há de haver um! – te deixa ver
esse homem nobre que nos reconduz?

ÉDIPO:

Ambas, as duas, presentes?

ANTÍGONE:

Estas mãos nos salvaram, mãos do rei,
mãos de seus fiéis guardiões.

ÉDIPO:

Eu já perdera, filhas, fé em Élpis,
1105 a Esperança! Abraçai-me as duas! Vinde!

ANTÍGONE:

Não precisas pedir; também queremos!

ÉDIPO:

Mas onde, então, onde est...?

ANTÍGONE:

Aqui, as duas, vizinhas!

ÉDIPO:

Ó seres do meu ser, caríssimas!

ANTÍGONE:

É o que os pais sempre dizem!

ÉDIPO:

Ó cetro de um mortal!

ANTÍGONE:

Sem-moira de um sem-moira!

ÉDIPO:

1110 Tenho o mais caro! Pan-sinistro, Tânatos
não haveria de ser, se eu as tivesse!
Quem vos gerou, para se pôr em pé,
necessita de apoio duplo, Antígone!
Acabe a triste errância de um ser só!
1115 Mas relatai concisamente os fatos,
pois ser sucinto é dádiva nos jovens.

ANTÍGONE:

Eis quem nos resgatou! Deves ouvir
o autor do feito. Encurto minha fala.

ÉDIPO:

Não estranhes, senhor, se fui prolixo,
1120 pois o retorno delas surpreendeu-me.
O júbilo da reaparição,
eu sei que o devo a ti e a mais ninguém.
Nenhum mortal, além de ti, salvou-as.
Os deuses correspondam ao que peço
1125 a ti e ao teu país! Respeito aos numes

somente aqui me foi dado encontrar
e a tolerância e o linguajar não-pseudo.
Aceita o meu discurso de tributo,
graças a mais ninguém tenho o que tenho.
1130 Me estende a mão direita, ó rei, pois quero
tocá-la e te afagar o rosto. Posso?
Mas o que falo? Como a mim, sem sorte,
alguém, livre da nódoa da desgraça,
permitirá que o toque? Eu mesmo não
1135 posso aceitar: só quem provou ruína
igual a minha dela participa.
Saudações, à distância! No futuro,
zela por mim, como hoje o fazes, justo!

TESEU:

Não estranhei que, alegre com as filhas,
1140 tenhas te delongado na conversa,
nem que privilegies quanto elas digam.
São questões de somenos entre nós:
preocupa-me fazer brilhar a vida
não em palavras, mas nos próprios atos!
1145 Comprovo-o: não falseei meu juramento
em nada, sênex! Eis-me aqui presente,
conduzo viva a dupla, nada a ameaça.
Vencida a luta, não farei bravata;
no convívio com elas, tudo aclaras.
1150 Por outro lado, quando vinha aqui...
Dirias o que achas deste caso, fácil
de relatar, embora cause espécie?
Todo fato merece ser sondado!

ÉDIPO:

Do que se trata, Egeide? Deixa claro
1155   a quem não sabe nada do que falas!

TESEU:

Referem-se a um parente teu, embora
não oriundo da mesma pólis: postra-se
ao pé do altar do oceânico Posêidon,
onde eu, antes de vir, sacrificava.

ÉDIPO:

1160   De onde chegou? O que requer com rogos?

TESEU:

Sei só do seu desejo de falar
contigo um pouco, sem te dar fastídio.

ÉDIPO:

É sério o que do templo se profere.

TESEU:

Apenas solicita um breve encontro;
1165   e então refaz, seguro, o seu caminho.

ÉDIPO:

Quem pode estar ali sentado e súplice?

TESEU:

Lembra se tens algum parente em Argos,
a quem seria cara tua ajuda!

ÉDIPO:

Não quero ouvir mais nada, amigo!

TESEU:

O que se passa?

ÉDIPO:

Não me perguntes!

TESEU:

1170   Qual é o problema? Dize!

ÉDIPO:

Teu discurso se me tornou claríssimo!

TESEU:

E quem é esse sujeito censurável?

ÉDIPO:

Meu filho, um vil, senhor! Dói-me escutá-lo,
dói muito mais ouvi-lo que a um outro.

TESEU:

1175   Não podes escutá-lo e então fazer
o que desejes? Sofres de antemão?

ÉDIPO:

Aos ouvidos do pai, sua voz é hostil.
Não me ponhas em situação difícil!

TESEU:

Nada vale sua condição de súplice?
1180 A reverência ao deus não conta mais?

ANTÍGONE:

Permite, pai, que, jovem, te aconselhe!
Deixa-o satisfazer o próprio ânimo
e ao deus, como reclama; a nós, consente
reencontrar o nosso irmão! Coragem!
1185 Não tem como te demover à força,
acaso contrarie os teus propósitos.
Que risco existe em escutar alguém?
Palavras traem complôs. Trouxeste-o à luz;
ainda que ele execute o que há de mais
1190 vil contra ti, nem mesmo assim a lei
de Têmis deixa que revides. Outros
tiveram filhos duros, foram rudes,
mas a magia da amizade lhes
trouxe magicamente paz de espírito.
1195 Os sofrimentos páter-maternais
por ti sofridos no passado mostram
isso. Se pensas neles, saberás
em que resulta a cólera maldita.
Tens em ti mesmo um entimema forte:
1200 olhos ocos, de que furtaste a luz.
Cede! Quem solicita o justo não
deve insistir e quem recebe um bem
deve saber beneficiar também.

ÉDIPO:

Favor pesado, filha, é o que me tira
1205 tua fala vitoriosa. Seja assim!
Garante, amigo, que ninguém me leve
o sopro d'alma. É só o que reivindico.

TESEU:

Me basta ouvir uma só vez. Não sou
de contar prosa, velho. Salvo estás,
1210 enquanto algum dos deuses me salvar.

CORO:

Quem sonha dilatar o seu quinhão
de vida
além do circunscrito
não passa de um guardião da estupidez.
1215 Longos dias
engendram muito
à beira-dor.
O deleite,
como visualizá-lo,
quando se cai no além-devido?
1220 Tânatos, Isoterminal, é um bálsamo,
quando a moira do Hades,
sem-himeneu, sem-lira, sem-coro dançarino
aparece
enfim!

O não ser nato
1225 vence todo argumento. Mas,

advindo à luz,
o rápido retroceder
ao ponto de origem
é o bem de segunda magnitude.
Quando a neofase passa e a vanidade
1230 da irreflexão,
qual golpe pluridor se exclui,
qual pesar não se inclui?
Revolta, inveja, discordância, guerras,
1235 mortes. E o lote conclusivo:
impotente, intratável, execrável,
a desprezível
senescência,
vazia-de-amigos,
onde
sem faltar nenhum
males
geminam
males.

Não estou só. Comigo ele se encontra, mísero!
1240 Como ao cabo boreal, que a escuma
multi-revolta açoita,
escumas na rebentação, terríveis
desde o acúmen, sem trégua, intermitentes,
as dores o fustigam,
umas desde o sol-pôr,
1245 outras do sol-nascente,
outras do sol-a-pino,

ÉDIPO EM COLONO

outras do Ripeu,
noite fosca.

ANTÍGONE:

Se não me engano, pai, o forasteiro
1250   chega só; nenhum homem o acompanha.
De seus olhos decai um mar de lágrimas.

ÉDIPO:

De quem se trata?

ANTÍGONE:

De quem pensávamos:
Polinices encontra-se entre nós!

POLINICES:

Ignoro o que fazer! Chorar primeiro
1255   os males meus, ou pelo velho pai,
a quem vejo, arrojado, com vós duas,
na ctônia terra de estrangeiros, mal-
roupido como está? Pregada à pele
anciã a escória sórdida lhe rói
1260   os flancos. Sobre o rosto, estéril de olhos,
a cabeleira esvoaça desgrenhada.
Penso que o que lhe entra triste ventre
abaixo não é diferente. Sou
o ser mais vil do mundo! Vejo tarde...
1265   Um homúnculo abjeto presencia
tua indigência! De mim deves ouvi-lo!

Mas Aidós, a Clemência, pan-ativa,
entrona-se com Zeus. Que ela te ajude,
pai! O erro da hamartia é remediável,
1270   mesmo quando é impossível agravá-lo.
Por que te calas?
Não me desdenhes, páter, fala algo!
Nada? Me humilhas, se mandares quieto
que eu me vá, sem saber o que te irrita.
1275   Ó minhas consangüíneas, suas filhas,
abri o lacre desses lábios tácitos!
Não volte desonrado! Supliquei
aos numes. As palavras que eu disser,
renega, pai, mas antipalavreando!

ANTÍGONE:

1280   Expõe tu mesmo o que te traz, ó mísero!
Se a fala instiga dor, prazer ou pena,
e muito se prolonga, faz falar
até quem era anteriormente mudo.

POLINICES:

Me convenceste com teus argumentos.
1285   Reclamo a proteção do próprio deus,
de cujo altar o rei daqui tirou-me
para que eu viesse. Quero ter o aval:
fale, escute, retorne assim: incólume.
Eis o pacto, estrangeiros, que deveis
1290   cumprir, tal qual meu pai e a dupla irmã.
Passo a falar, ó páter, por que vim:
baniram-me do solo pátrio, um prófugo

ÉDIPO EM COLONO

desde então. Quis sentar-me em trono pleni-
-soberano, ex-teu. Era o primogênito.
1295   Etéocles não deixou, mero cadete:
me exilou, sem vencer-me na palavra,
sem me dobrar no braço. Nada fez
além de convencer a pólis. Digo
que a responsável mor é tua Erínia,
1300   opinião partilhada pelos áugures.
Busquei refúgio em Argos, pólis dórica,
fiz-me genro de Adrasto, se me aliaram
quantos residem na Ápia, os propalados
ases, campeões na lança. Organizei
1305   notável contingente heptoalanceado
contrário a Tebas: ou morrer por Dike,
Justiceira, ou banir quem me expulsara!
Talvez te indagues: "mas por que ele veio?"
Eu vim te apresentar, ó pai, as súplicas,
1310   as minhas pessoalmente e as dos aliados,
que já circundam todos os quadrantes
tebanos, sete tropas, sete lanças.
São eles: Anfiarau, gládio de nome,
cabecilha na guerra, bom no auspício.
1315   Filho de Eneu vem a seguir, o etólio
Tideu. E Etéoclo, cuja estirpe é argiva.
O quarto é Hipomedonte. O pai mandou-o:
Talaos. O quinto, Capaneu blasona:
"Abaixo Tebas! Dela farei pó!"
1320   O sexto é o inquieto Virginal, da Arcádia
(epônimo de mãe rebelde às núpcias
por muito tempo), filho de Atalante.

E eu o teu, se não teu, trazido à luz
por teu destino horrível. Teu, me dizem...
1325 Lidero argivos duros rumo à Tebas.
Pai, por tua alma-psiquê, pelas duas filhas,
súplices, todos nós rogamos: deixa
de ruminar tua fúria contra mim!
Motiva-me a vingança fratricida:
1330 Quem foi meu algoz? Quem me deportou?
Se a fala oracular merece fé,
terá poder aquele a quem te alies.
Invoco as fontes, numes tutelares:
cede, pai, deixa eu convencer-te! Sou
1335 um êxul, êxul és também, mendigos
ambos. Só nos acolhem, se adulamos;
o mesmo deus-demônio nos conduz.
E em casa, o rei-tirano – ó dor! – avesso
a nós, não cobre o riso da soberba.
1340 Se abraças minha causa, sem maior
dispêndio de energia e logo o anulo.
Te reconduzo ao paço; ali te instalo,
ali me instalo, e o irmão, o exilo à força!
Se encontro eco em ti, atinjo o zênite,
1345 senão deserdo a vida, sem deleite.

CORO:

Esse homem, sabes bem quem o mandou;
sem antes lhe falar, não o despaches.

ÉDIPO:

Nobres guardiões do país, não fora o rei
Teseu ter me trazido esse elemento,
1350 considerando justo eu lhe falar,
iria sem me escutar o som da voz!
Se lhe é dado escutar-me, o que eu disser
não deixará sua vida mais alegre:
canalha! Detentor de trono e cetro,
1355 atualmente nas mãos do teu irmão,
a mim mesmo – teu pai! – puseste fora,
pária sem-pátria enroupado em trapos,
alguém por quem lamentas, padecendo
igual, golpeado por azar idêntico.
1360 Não chores, pois; sujeito a tudo, enquanto
eu viva, hei de lembrar: foste um carrasco!
Te culpo, se me humilho: quem baniu-me?
Quem fez de mim um vagamundo, atrás
do prato diário de comida? As duas
1365 filhas me nutrem. Se eu não as tivera,
dependendo de ti, não mais seria.
São minha vida, são meu alimento,
são homens na agonia, não mulheres!
Renego os outros dois! Não sou o pai!
1370 O demônio te espreita em breve (ainda
é cedo), se o exército avançar,
avesso à Tebas. Nunca hás de tomar
a cidadela! Em nódoa hemovermelha

tombarás, como teu irmão-de-sangue.
1375 Roguei outrora às Aras, às Malditas,
agora lhes renovo o apelo, a fim
de que aceiteis honrar quem vos gerou
e não menosprezeis o enceguecido
pai. De outro modo as filhas procederam.
1380 Hei de vencer com maldições teus rogos
e o trono, se Justiça, voz-imêmore,
ladeia Zeus, conforme leis antigas.
Volta sem pai, carrega o meu desprezo,
canalha entre canalhas! Chamo as Aras
1385 mais uma vez: teu gládio não domine
a cidade natal! Não mais retornes
ao vale de Argos, morto pelas mãos
parentes, matador do teu algoz!
Amaldiçoado, invoco o fosco horror
1390 do Tártaro paterno: te receba!
Chamo as demônias do lugar e Ares,
que ódio terrível vomitou na dupla.
Some daqui! E, sumindo, comunica
a todos os cadmeus e à trupe bélica
1395 que te acompanha: esse é o presente que eu,
Édipo, lego aos meus dois filhos machos!

CORO:

Polidiscorde Polinices, parte!
Agora! Não me agrada o teu percurso.

POLINICES:

Me dói a práxis do meu descaminho!
1400 Me dói pelos amigos! Como é árduo
o epílogo da trajetória de Argos!
Chegamos a tal ponto que não posso
falar nada a meus sócios, nem fazê-los
retroceder: me jogo mudo à sorte!
1405 Minhas homossangüíneas filhas dele!
O pai, duro, invocou Ara, a Maldita.
Pelos numes, se a Maldição se cumpre,
e a vós duas couber rever o lar,
não me deixeis o corpo desonrado:
1410 depositai dons fúnebres no túmulo!
Os louvores agora recebidos
por cuidar dele não serão maior
do que ouvireis, prestando-me esse auxílio.

ANTÍGONE:

Polinices, concede o que eu pedir!

POLINICES:

1415 Do que se trata, minha mana amada?

ANTÍGONE:

Que a tropa argiva bata em retirada!
Não aniquiles a ti mesmo e a pólis!

POLINICES:

Impossível! Com que moral de novo
eu chefiaria, se capitulasse?

ANTÍGONE:

Qual o motivo dessa nova ira,
menino? Lucras arrasando a pátria?

POLINICES:

Sou primogênito e o exílio humilha-me!
Não sou de aceitar burlas de cadete!

ANTÍGONE:

Percebes como cumpres seu oráculo,
segundo o qual a morte há de ser mútua?

POLINICES:

Mas o que ele deseja não concedo.

ANTÍGONE:

Lúgubre! Quem abraçará tua causa,
sabendo os vaticínios de teu pai?

POLINICES:

Não sou um anjo-núncio do sinistro;
o líder diz o bem e oculta o inútil.

ANTÍGONE:

A decisão, menino, está tomada?

POLINICES:

Não queiras convencer-me! A mim concerne
percorrer o declive do caminho
ruim, prêmio de meu pai e das Erínias.
1435 Que Zeus conceda a boa estrela às duas,
zelosas de mim, morto! Vivo, em nada
poderíeis me ajudar. Deixai-me! Adeus,
pois nunca mais vereis meu olho aberto.

ANTÍGONE:

Quanta amargura!

POLINICES:

Não me lamentes!

ANTÍGONE:

E quem, irmão, por ti não choraria,
1440 Se visse como agora buscas o ínfero?

POLINICES:

Se for destino, morro!

ANTÍGONE:

Não, irmão, escuta!

POLINICES:

Não posso te escutar.

ANTÍGONE:

Contigo ausente, minha sorte é estéril.

POLINICES:

Se assim será ou de outro modo, assina
o demoníaco. Peço aos deuses: não
1445   permiti que algum mal destrua as duas!
Todos sabem: não mereceis o azar.

CORO:

Me vêm novas de novo,
novos males graves do cego.
O fado atinge o alvo?
1450   Nenhum decreto divino-demoníaco
(direi)
é fortuito.
Cronos olha, olha
sempre:
o que hoje
derruba,
amanhã ao zênite
reergue.
1455   O éter estala! Ó Zeus!

ÉDIPO:

Filhas! Filhas! Está presente alguém
daqui? Chame Teseu, plenimagnânimo!

ANTÍGONE:

Qual o motivo da convocação?

ÉDIPO:

1460 Nas asas do trovão de Zeus em breve
me lanço ao Hades. Conduzi Teseu!

CORO:

Olha: muito... mega... abate-se
o ronco (a voz me falha!),
o bólido-de-Zeus!
Temor sub
adentra
1465 às pontas dos cabelos!
Meu ânimo esmorece.
Fulgor reinflama o céu-urânio.
Será exitoso?
Me apavoro, pois nunca arroja-o
em vão,
1470 vazio de catástrofe!
Etérea imensidão!
Ó Zeus!

ÉDIPO:

A este homem, filhas, chega o fim da vida
divino-assinalado, incontornável.

ANTÍGONE:

O que te dá, meu pai, tanta certeza?

ÉDIPO:

1475 Eu sei. Ninguém faz vir agora
o soberano desta terra?

CORO:

Ai! Ai! De novo, circum-
-recrudesce o estrondo cortante!
Ajuda, ó deus-demônio, ajuda!
À terra máter levas treva?
1480 Sê propício, quando eu te encontrar!
Se eu vi o homem maldito,
não me tornes partícipe
de um favor danoso!
1485 Zeus, senhor, ouve-me!

ÉDIPO:

O rei chegou? Me encontra ainda lúcido?
Minha ânima-psiquê mantém o alento?

ANTÍGONE:

Infundes que segredo em seu espírito?

ÉDIPO:

Provei o bem e ao receber o bem
1490 eu prometi lhe dar um prêmio alvíssaro.

CORO:

Ai! Filho! Aqui! Aqui!
Se ao deus oceânico,
Posêidon,

no oco de uma penha,
preparas o altar do sacrifício
bovino,
1495 vem!
O hóspede quer,
obsequioso,
pagar com justo dom
o recebido,
a ti,
à pólis,
a quem lhe é caro!
Rápido, rei!

TESEU:

1500 Qual o motivo do rumor uníssono?
Claríssimo, provém do povo e de Édipo?
Qual a causa: o corisco do Cronida?
Desaba uma intempérie de granizo?
Tudo ocorre, se um nume tempestua!

ÉDIPO:

1505 Ó rei, clamava pelo encontro! Um deus
pôs Tykhe, a Boa Sorte, em teu caminho!

TESEU:

Filho de Laio, qual a novidade?

ÉDIPO:

Rompeu-se o fio da vida! Abraço Tânatos,
não como um falseador: promessa é dívida!

TESEU:

1510 Que prova recebeste do destino?

ÉDIPO:

Os numes foram núncios de si mesmos,
não desmentindo signos definidos.

TESEU:

E como, sênior, foi que apareceram?

ÉDIPO:

Muitos trovões ecoam, muitos (de mãos
1515 invencíveis) relâmpagos inflamam.

TESEU:

Teus augúrios inúmeros convencem-me!
Não és pseudo-falaz. O que farei?

ÉDIPO:

Te instruo, Egeide: a dor da senescência
não te aniquilará, nem à cidade.
1520 Eu mesmo te conduzo aonde... aonde
devo morrer. Prescindo de terceiros.
Jamais indiques a mortal nenhum
onde se oculta o ponto ou seu entorno.
Baluarte contra os circunvindos, vale
1525 mais que mil lanças, mil escudos juntos.
O enigma puro, que a razão não capta,
conhecerás sozinho, quando ali

ÉDIPO EM COLONO

estiveres. Não posso divulgá-lo
aos cidadãos, tampouco às minhas filhas.
1530 Nunca reveles nada, e quando o fim
do teu viver chegar, ao primogênito
conta-o, e este ao que vier após, assim
por diante. Não te arrasam a cidade
homens que os dentes do dragão geraram.
1535 Muitas urbes se descontrolam, ainda
que bem geridas. Deuses vêem claríssimo
quando alguém nega o deus e à insensatez
se entrega. Não o imites, caro amigo!
Ensino a quem já sabe! Ao sítio – agora! –
1540 (a presença do deus me apressa) nos
devemos dirigir, sem titubear!
Trocamos de função, meninas: eu
vos encabeço, hegêmone incomum.
Vinde sem me tocar! Deixai que eu mesmo
1545 encontre o túmulo sagrado. É minha
sina me obscurecer no ctônio solo.
Nesta direção, nesta, por onde Hermes,
o núncio, leva-me, e a abissal Perséfone.
Lume-negrume, outrora foste meu,
1550 meu corpo agora tanges, derradeiro.
Me achego ao ômega de bios – da vida! –,
à cripta de Hades. Anfitrião caríssimo,
a ti, a teus confrades, à tua pólis,
vos tenha o bom demônio, e, na bonança,
1555 lembrai de mim, de um morto, afortunados!

CORO:

Se Têmis me permite – a Lícita! –
honrar com preces
Perséfone,
deusa invisível,
1560   e Aidoneu, Aidoneu, rei noturno,
peço que o peregrino
alcance o plurivéu do subcampo
cadavérico
e o domicílio estígio,
sem dor,
1565   sem o pesar da moira.
Das inúmeras
penas imerecidas
que conheceu,
um deus-demo justiceiro
resgate-o,
engrandecido!
Ó deusas ctônias,
ó cérbero, feroz corpo de cão
sem derrotas,
1570   que às portas, antro afora,
dorme e gane
aos pluriforasteiros,
guardião indomável à beira-Hades,
segundo se propala!
Suplico, ó Mortífero filho da Terra e do Tártaro:
o alienígena
subentre,
1575   por veredas puras,

ÉDIPO EM COLONO

nos baixios cadaverosos!
Te invoco,
torpor eterno!

MENSAGEIRO:

1580 Cidadãos, não preciso que um minuto
para comunicar a morte de Édipo.
Mas o ocorrido, num relato breve
não cabe, nem os fatos foram breves.

CORO:

Morreu o sem-ventura?

MENSAGEIRO:

Deves saber
que ele alcançou a sobrevida eterna.

CORO:

1585 Teve morte indolor? Um deus poupou-o?

MENSAGEIRO:

Foi o que nos deixou embasbacados.
Em sua partida (sabes pois estavas
entre os presentes), prescindiu de guia;
nos guiou, hegêmone, a nós todos. Quando
1590 já circundava o umbral precipitoso,
cujos brônzeos degraus no solo enraízam-se,
numa das sendas pluridivididas
parou, perto da côncava cratera,
onde Teseu selara o pacto eterno

1595	com Pirítoo. Sentou-se entre o rochedo
	torício, o túmulo de pedra e a oca
	pereira. Se desfez da roupa imunda.
	Às filhas demandou que lhe trouxessem
	água pura: queria libar, lavar-se.
1600	A dupla foi ao cerro de Deméter,
	a Vicejante. O que o pai ordenara,
	cumpriram logo. Vestes lhe troxeram
	e água lustral. Lavou-se para o rito.
	A conclusão do intróito lhe agradou;
1605	já nada mais restava por fazer.
	Então o ctônio Zeus troou e as virgens
	tremeram com o som. Decaem nos joelhos
	paternos, não contêm o choro. O peito,
	golpeiam. Os lamentos se acumulam.
1610	E ouvindo o balbucio que irrompe estrídulo,
	disse, afagando-as entre os braços: "Filhas,
	o pai das duas já não existe mais.
	Morreu o que era meu, Não mais tereis
	o ônus de meu sustento penosíssimo.
1615	Foi duro, eu sei. Mas uma só palavra
	há de trazer alívio ao sofrer:
	bem-queridas de mais ninguém sereis
	como o fostes deste homem, sem o qual
	vivereis de ora em diante, para sempre."
1620	E assim os três plangiam soluçantes,
	entregues aos recíprocos abraços.
	Quando o choro serena e o grito cede,
	tudo se aquieta, e logo a voz de alguém
	o convoca: pavor então eriça

ÉDIPO EM COLONO   115

1625   os cabelos de todos os presentes!
        De muitos modos, muito, o deus o chama:
        "É tempo! É tempo, Édipo! Não faz
        sentido retardar a ida. Hesitas?"
        Se apercebendo da convocação,
1630   reclamou a presença de Teseu.
        A seu lado, falou: "Ó caro, estende
        às minhas filhas tua mão, e vice-
        -versa! Promete nunca pretender
        abandonar Ismene e sua irmã,
1635   cumprindo o que estiver ao teu alcance
        e achares bom!" E o rei, um nobre, em lágrimas,
        sacramentou seu sim com juramento.
        Concluído o compromisso, Édipo busca
        as filhas com as mãos enceguecidas:
1640   "Filhas, urge manter a galhardia
        no abandono do posto, e não olhar
        e não ouvir o que aos mortais é ilícito.
        Deixai-me, filhas, já! Comigo fica
        Teseu. Presenciará o evento só!"
1645   O quanto disse, todos nós ali
        ouvimos. Com as duas, copiosas lágrimas
        trocamos, afastando-nos. Já longe,
        viramo-nos, depois de um interregno.
        O homem já não havia em parte alguma,
1650   o rei estava só, cobria os olhos
        alçando as mãos à face, como se
        visse um portento horrível, impossível
        de fixar. Pouco a pouco, emudecido,
        pareceu que adorava a Terra e o Olimpo

1655 divino numa mesma prece. O fim
de sua moira, o rei Teseu apenas,
entre os mortais, nos poderia contar.
Não o atingiu o raio, porta-fogo
divino, nem um furacão formado
1660 em alto-mar naquele instante. Um nume
talvez mandara um emissário ou, no ínfero
fosco, se abrindo a terra, caiu – benvindo!
Partiu sem queixa, sem moléstia ou dor,
fato estarrecedor, se algum existe
1665 entre os mortais. E se pareço louco,
por que insistir com quem pareço louco?

CORO:

As filhas, onde estão, e quem as guia?

MENSAGEIRO:

Não estão longe. O som do pranto nada
obscuro nos indica que avizinham-se.

ANTÍGONE:

1670 Nada, nada nos resta a não ser
chorar o sangue paterno,
inesquecível,
infuso em nosso mau destino.
Por ele, no passado, padecemos
muito
continuamente
e, no desfecho, traremos
incontáveis

ÉDIPO EM COLONO

1675 racontos
vistos e
sofridos.

CORO:

O que se passa?

ANTÍGONE:

Podeis imaginar, amigos.

CORO:

Ele partiu?

ANTÍGONE:

Tal qual desejarias.
Como não? Nem Ares, belicoso,
1680 nem o mar se lhe antepuseram,
retido por planícies invisíveis,
levado à moira fosca.
Ai! Funérea, a noite
sobrecai em nossos olhos.
1685 Como,
vagando
em que ponto distante,
ou ôndula salina,
sustentaremos a dura vida?

ISMENE:

Ignoro! Que Hades, o sanguinolento,
1690 me leve – ó Tânatos! –

ao velho pai,
infeliz!
A vida vindoura
me é inviável!

CORO:

Dupla de filhas ótimas!
1695   O peso divino sopesa!
Evita a chama do excessivo!
Ninguém critica tua travessia.

ANTÍGONE:

Havia algum dulçor em minha dor:
o que de modo algum apraz, aprouve-me,
1700   quando estreitava o pai em meus abraços.
Ó páter! Ó querido!
Ó tu, eterno subtérreo investido em treva!
Mesmo no ínfero,
nunca hás de ter meu desamor ou dela.

CORO:

Fez?

ANTÍGONE:

Fez o que queria.

CORO:

O quê?

ÉDIPO EM COLONO

ANTÍGONE:

1705 Morreu na terra estranha que escolheu.
Repousa
no subsolo sempre sombreado,
e não deixou pesar sem lágrima.
Pois este olho sobre – ó pai! – verte
o choro.
Como posso
refrear
tamanha
dor
1710 – ó mísera! –,
que sinto por ti?
Ai de mim! Desejavas morrer
no estrangeiro, mas morreste
só
sem mim!

ISMENE:

1715 Tristeza! O que se nos destina,
a ti, a mim, ó cara,
solitárias de pai?

CORO:

O término da vida, amigas,
1720 se desatou em júbilo!
Cessai, portanto, o pranto! Imune aos males
ninguém está!

ANTÍGONE:

Voltemos para lá, querida!

ISMENE:

Com qual intuito?

ANTÍGONE:

1725   Impele-me o querer.

ISMENE:

Qual?

ANTÍGONE:

Ver a morada subtérrea.

ISMENE:

De quem?

ANTÍGONE:

Do pai! Tristeza!

ISMENE:

Não há como fazer disso algo lícito!
Não te apercebes?

ANTÍGONE:

1730   Por que me censurar?

ISMENE:

Ademais...

ANTÍGONE:

Ademais o quê?

ISMENE:

Longe do mundo, ele tombou sem túmulo!

ANTÍGONE:

Leva-me então, e mata-me lá!

ISMENE:

Ai! Mísera!
1735 Aonde, então, assim, sozinha
e sem saída,
conduzirei a triste vida?

CORO:

Queridas, não deveis tremer!

ANTÍGONE:

Mas para onde fugirei?

CORO:

Já fugistes.

ANTÍGONE:

Do quê?

CORO:

1740 De um mau epílogo.

ANTÍGONE:

Penso.

CORO:

O que ruminas?

ANTÍGONE:

Não sei como tornamos à morada.

CORO:

Não queiras isso!

ANTÍGONE:

O medo me domina.

CORO:

Como antes dominava-te.

ANTÍGONE:

1745 Se outrora era difícil, hoje é mais.

CORO:

À dupla coube um mega pélago!

ANTÍGONE:

Ai! Aonde iremos, ó Zeus!
Para qual esperança,
1750 deus-demônio me conduz agora?

ÉDIPO EM COLONO

TESEU:

Basta de nênias, filhas!
Não cabe o sofrimento quando o dom
é a noite subsolar. Seria ofensa!

ANTÍGONE:

Filho de Egeu, prostramo-nos!

TESEU:

1755   Quereis o quê, meninas!

ANTÍGONE:

O túmulo queremos ver, nós mesmas,
de nosso pai!

TESEU:

Têmis, a Legislante, não permite!

ANTÍGONE:

Como o disseste, rei, senhor de Atenas?

TESEU:

1760   Meninas, Édipo ordenou:
"ninguém se acerque deste espaço,
ninguém invoque meu sepulcro sacro!"
Garantiu-me livrar o país de agruras
se eu procedesse assim.
1765   O deus notou quanto falávamos

e Horco – o Juramento – filho de Zeus,
que a tudo ouve.

ANTÍGONE:

Se era seu plano,
não me cabe insistir. Garante-nos
1770   a volta a Tebas. Nossos irmãos,
a morte mútua os ronda.
Logramos revertê-la?

TESEU:

Assim farei e cumpro o que for útil
1775   às duas e grato a quem há pouco foi-se
terra abaixo. Não medirei esforços.

CORO:

Cessai as nênias!
Acabe-se o planger!
1780   O feito, soberano, é irreversível!

ΟΙΔΙΠΟΥΣ ΕΠΙ ΚΟΛΩΝΩΙ

ΟΙΔΙΠΟΥΣ

Τέκνον τυφλοῦ γέροντος, Ἀντιγόνη, τίνας
χώρους ἀφίγμεθ', ἢ τίνων ἀνδρῶν πόλιν;
τίς τὸν πλανήτην Οἰδίπουν καθ' ἡμέραν
τὴν νῦν σπανιστοῖς δέξεται δωρήμασιν,
5 σμικρὸν μὲν ἐξαιτοῦντα, τοῦ σμικροῦ δ' ἔτι
μεῖον φέροντα, καὶ τόδ' ἐξαρκοῦν ἐμοί;
στέργειν γὰρ αἱ πάθαι με χὠ χρόνος ξυνὼν
μακρὸς διδάσκει καὶ τὸ γενναῖον τρίτον.
ἀλλ', ὦ τέκνον, θάκησιν εἴ τινα βλέπεις
10 ἢ πρὸς βεβήλοις ἢ πρὸς ἄλσεσιν θεῶν,
στῆσόν με κἀξίδρυσον, ὡς πυθώμεθα
ὅπου ποτ' ἐσμέν. μανθάνειν γὰρ ἥκομεν
ξένοι πρὸς ἀστῶν, ἂν ἀκούσωμεν τελεῖν.

ΑΝΤΙΓΟΝΗ

πάτερ ταλαίπωρ' Οἰδίπους, πύργοι μὲν, οἳ
15 πόλιν στέγουσιν, ὡς ἀπ' ὀμμάτων, πρόσω·
χῶρος δ' ὅδ' ἱρός, ὡς σάφ' εἰκάσαι, βρύων
δάφνης, ἐλαίας, ἀμπέλου· πυκνόπτεροι δ'
εἴσω κατ' αὐτὸν εὐστομοῦσ' ἀηδόνες·
οὗ κῶλα κάμψον τοῦδ' ἐπ' ἀξέστου πέτρου·
20 μακρὰν γὰρ ὡς γέροντι προὔστάλης ὁδόν.

ΟΙ.

κάθιζέ νύν με καὶ φύλασσε τὸν τυφλόν.

AN.

χρόνου μὲν οὕνεκ᾽ οὐ μαθεῖν με δεῖ τόδε.

ΟΙ.

ἔχεις διδάξαι δή μ᾽ ὅποι καθέσταμεν;

AN.

τὰς γοῦν Ἀθήνας οἶδα, τὸν δὲ χῶρον οὔ.

ΟΙ.

25 πᾶς γάρ τις ηὔδα τοῦτό γ᾽ ἡμὶν ἐμπόρων.

AN.

ἀλλ᾽ ὅστις ὁ τόπος ἦ μάθω μολοῦσά ποι;

ΟΙ.

ναί, τέκνον, εἴπερ ἐστί γ᾽ ἐξοικήσιμος.

AN.

ἀλλ᾽ ἐστὶ μὴν οἰκητός. οἴομαι δὲ δεῖν
οὐδέν· πέλας γὰρ ἄνδρα τόνδε νῷν ὁρῶ.

ΟΙ.

30 ἦ δεῦρο προσστείχοντα κἀξορμώμενον;

AN.

καὶ δὴ μὲν οὖν παρόντα· χὤ τι σοι λέγειν
εὔκαιρόν ἐστιν, ἔννεφ᾽, ὡς ἀνὴρ ὅδε.

οιδιπυσ επι κολωνωι 131

ΟΙ,

ὦ ξεῖν', ἀκούων τῆσδε τῆς ὑπέρ τ' ἐμοῦ
αὐτῆς θ' ὁρώσης, οὕνεχ' ἡμὶν αἴσιος
35 σκοπὸς προσήκεις ὧν ἀδηλοῦμεν φράσαι,

ΞΕΝΟΣ

πρὶν νυν τὰ πλείον' ἱστορεῖν, ἐκ τῆσδ' ἕδρας
ἔξελθ'· ἔχεις γὰρ χῶρον οὐχ ἁγνὸν πατεῖν.

ΟΙ.

τίς δ' ἔσθ' ὁ χῶρος; τοῦ θεῶν νομίζεται;

ΞΕ.

ἄθικτος οὐδ' οἰκητός· αἱ γὰρ ἔμφοβοι
40 θεαί σφ' ἔχουσι, Γῆς τε καὶ Σκότου κόραι.

ΟΙ.

τίνων τὸ σεμνὸν ὄνομ' ἂν εὐξαίμην κλύων;

ΞΕ.

τὰς πάνθ' ὁρώσας Εὐμενίδας ὅ γ' ἐνθάδ' ἂν
εἴποι λεώς νιν. ἄλλα δ' ἀλλαχοῦ καλά.

ΟΙ.

ἀλλ' ἵλεῳ μὲν τὸν ἱκέτην δεξαίατο·
45 ὡς οὐχ ἕδρας γῆς τῆσδ' ἂν ἐξέλθοιμ' ἔτι.

ΞΕ.

τί δ' ἐστὶ τοῦτο;

ΟΙ.

ξυμφορᾶς ξύνθημ' ἐμῆς.

ΞΕ.

ἀλλ᾽ οὐδ᾽ ἐμοί τοι τοὐξανιστάναι πόλεως
δίχ᾽ ἐστὶ θάρσος, πρίν γ᾽ ἂν ἐνδείξω τί δρῶ.

ΟΙ.

πρός νυν θεῶν, ὦ ξεῖνε, μή μ᾽ ἀτιμάσῃς,
50   τοιόνδ᾽ ἀλήτην, ὧν σε προστρέπω φράσαι.

ΞΕ.

σήμαινε, κοὐκ ἄτιμος ἔκ γ᾽ ἐμοῦ φανεῖ.

ΟΙ.

τίς ἔσθ᾽ ὁ χῶρος δῆτ᾽ ἐν ᾧ βεβήκαμεν;

ΞΕ.

ὅσ᾽ οἶδα κἀγὼ πάντ᾽ ἐπιστήσει κλύων.
χῶρος μὲν ἱρὸς πᾶς ὅδ᾽ ἔστ᾽· ἔχει δέ νιν
55   σεμνὸς Ποσειδῶν. ἐν δ᾽ ὁ πυρφόρος θεός
Τιτὰν Προμηθεύς· ὃν δ᾽ ἐπιστείβεις τόπον,
χθονὸς καλεῖται τῆσδε χαλκόπους ὁδός,
ἔρεισμ᾽ Ἀθηνῶν· οἱ δὲ πλησίοι γύαι
τόνδ᾽ ἱππότην Κολωνὸν εὔχονται σφίσιν
60   ἀρχηγὸν εἶναι, καὶ φέρουσι τοὔνομα
τὸ τοῦδε κοινὸν πάντες ὠνομασμένοι.
τοιαῦτά σοι ταῦτ᾽ ἐστὶν, ὦ ξέν᾽, οὐ λόγοις
τιμώμεν᾽, ἀλλὰ τῇ ξυνουσίᾳ πλέον.

ΟΙ.

ἦ γάρ τινες ναίουσι τούσδε τοὺς τόπους;

ΞΕ.

65   καὶ κάρτα, τοῦδε τοῦ θεοῦ γ᾽ ἐπώνυμοι.

οιδιπυσ επι κολωνωι

ΟΙ.

ἄρχει τις αὐτῶν, ἢ 'πι τῷ πλήθει λόγος;

ΞΕ.

ἐκ τοῦ κατ' ἄστυ βασιλέως τάδ' ἄρχεται.

ΟΙ.

οὗτος δὲ τίς λόγῳ τε καὶ σθένει κρατεῖ;

ΞΕ.

Θησεὺς καλεῖται, τοῦ πρὶν Αἰγέως τόκος.

ΟΙ.

70 ἆρ' ἄν τις αὐτῷ πομπὸς ἐξ ὑμῶν μόλοι;

ΞΕ.

ὡς πρὸς τί λέξων ἢ καταρτύσων μολεῖν;

ΟΙ.

ὡς ἂν προσαρκῶν σμικρὰ κερδάνῃ μέγα.

ΞΕ.

καὶ τίς πρὸς ἀνδρὸς μὴ βλέποντος ἄρκεσις;

ΟΙ.

ὅσ' ἂν λέγωμεν πάνθ' ὁρῶντα λέξομεν.

ΞΕ.

75 οἶσθ', ὦ ξέν', ὡς νῦν μὴ σφαλῇς; ἐπείπερ εἶ
γενναῖος, ὡς ἰδόντι, πλὴν τοῦ δαίμονος.
αὐτοῦ μέν', οὗπερ κἀφάνης, ἕως ἐγὼ
τοῖς ἐνθάδ' αὐτοῦ μὴ κατ' ἄστυ δημόταις

80 λέξω τάδ' ἐλθών. οἵδε γὰρ κρινοῦσί σοι
εἰ χρή σε μίμνειν, ἢ πορεύεσθαι πάλιν.

ΟΙ.

ὦ τέκνον, ἦ βέβηκεν ἡμὶν ὁ ξένος;

ΑΝ.

βέβηκεν, ὥστε πᾶν ἐν ἡσύχῳ, πάτερ,
ἔξεστι φωνεῖν, ὡς ἐμοῦ μόνης πέλας.

ΟΙ.

ὦ πότνιαι δεινῶπες, εὖτε νῦν ἕδρας
85 πρώτων ἐφ' ὑμῶν τῆσδε γῆς ἔκαμψ' ἐγώ,
Φοίβῳ τε κἀμοὶ μὴ γένησθ' ἀγνώμονες,
ὅς μοι, τὰ πόλλ' ἐκεῖν' ὅτ' ἐξέχρη κακά,
ταύτην ἔλεξε παῦλαν ἐν χρόνῳ μακρῷ,
ἐλθόντι χώραν τερμίαν, ὅπου θεῶν
90 σεμνῶν ἕδραν λάβοιμι καὶ ξενόστασιν,
ἐνταῦθα κάμψειν τὸν ταλαίπωρον βίον,
κέρδη μὲν οἰκήσαντα τοῖς δεδεγμένοις,
ἄτην δὲ τοῖς πέμψασιν, οἵ μ' ἀπήλασαν·
σημεῖα δ' ἥξειν τῶνδέ μοι παρηγγύα,
95 ἢ σεισμὸν, ἢ βροντήν τιν', ἢ Διὸς σέλας.
ἔγνωκα μέν νυν ὥς με τήνδε τὴν ὁδὸν
οὐκ ἔσθ' ὅπως οὐ πιστὸν ἐξ ὑμῶν πτερὸν
ἐξήγαγ' ἐς τόδ' ἄλσος. οὐ γὰρ ἄν ποτε
πρώταισιν ὑμῖν ἀντέκυρσ' ὁδοιπορῶν,
100 νήφων ἀοίνοις, κἀπὶ σεμνὸν ἐζόμην
βάθρον τόδ' ἀσκέπαρνον. ἀλλά μοι, θεαί,
βίου κατ' ὀμφὰς τὰς Ἀπόλλωνος δότε
πέρασιν ἤδη καὶ καταστροφήν τινα,
εἰ μὴ δοκῶ τι μειόνως ἔχειν, ἀεὶ
105 μόχθοις λατρεύων τοῖς ὑπερτάτοις βροτῶν.

οιδιπυσ επι κολωνωι   135

ἴτ', ὦ γλυκεῖαι παῖδες ἀρχαίου Σκότου,
ἴτ', ὦ μεγίστης Παλλάδος καλούμεναι
πασῶν 'Αθῆναι τιμιωτάτη πόλις,
οἰκτείρατ' ἀνδρὸς Οἰδίπου τόδ' ἄθλιον
110   εἴδωλον· οὐ γὰρ δὴ τό γ' ἀρχαῖον δέμας.

ΑΝ.

σίγα. πορεύονται γὰρ οἵδε δή τινες
χρόνῳ παλαιοί, σῆς ἕδρας ἐπίσκοποι.

ΟΙ.

σιγήσομαί τε καὶ σύ μ' ἐξ ὁδοῦ πόδα
κρύψον κατ' ἄλσος, τῶνδ' ἕως ἂν ἐκμάθω
115   τίνας λόγους ἐροῦσιν· ἐν γὰρ τῷ μαθεῖν
ἔνεστιν ηὐλάβεια τῶν ποιουμένων.

ΧΟΡΟΣ

α′   "Ορα. τίς ἄρ' ἦν; ποῦ ναίει;
ποῦ κυρεῖ ἐκτόπιος συθεὶς ὁ πάντων,
120   ὁ πάντων ἀκορέστατος;
προσδέρκου, λεῦσσέ νιν,
προσπεύθου πανταχῇ.
πλανάτας πλανάτας τις ὁ πρέσβυς, οὐδ'
125   ἔγχωρος· προσέβα γὰρ οὐκ
ἂν ποτ' ἀστιβὲς ἄλσος ἐς
τᾶνδ' ἀμαιμακετᾶν κορᾶν,
ἃς τρέμομεν λέγειν,
130   καὶ παραμειβόμεσθ' ἀδέρκτως,
ἀφώνως, ἀλόγως τὸ τᾶς
εὐφάμου στόμα φροντίδος

iέντες· τὰ δὲ νῦν τιν' ἥκειν
λόγος οὐδὲν ἄζονθ',
135 ὃν ἐγὼ λεύσσων περὶ πᾶν οὔπω
δύναμαι τέμενος
γνῶναι ποῦ μοί ποτε ναίει.

ΟΙ.

σύστρ. α´ "Οδ' ἐκεῖνος ἐγώ· φωνῇ γὰρ ὁρῶ,
τὸ φατιζόμενον.

ΧΟ.

140 ἰὼ ἰώ,
δεινὸς μὲν ὁρᾶν, δεινὸς δὲ κλύειν.

ΟΙ.

μή μ', ἱκετεύω, προσίδητ' ἄνομον.

ΧΟ.

Ζεῦ ἀλεξῆτορ, τίς ποθ' ὁ πρέσβυς;

ΟΙ.

οὐ πάνυ μοίρας εὐδαιμονίσαι
145 πρώτης, ὦ τᾶσδ' ἔφοροι χώρας.
δηλῶ δ'· οὐ γὰρ ἂν ὧδ' ἀλλοτρίοις
ὄμμασιν εἷρπον
κἀπὶ σμικροῖς μέγας ὥρμουν.

ΧΟ.

ἀντ. α´ "Ε ἒ, ἀλαῶν ὀμμάτων.
150 ἆρα καὶ ἦσθα φυτάλμιος; δυσαίων
μακραίων γ', ὅσ' ἐπεικάσαι.

οιδιπυσ επι κολωνωι 137

ἀλλ᾽ οὐ μὰν ἔν γ᾽ ἐμοὶ
προσθήσεις τάσδ᾽ ἀράς.

155 περᾷς γὰρ περᾷς· ἀλλ᾽ ἵνα τῷδ᾽ ἐν ἀ-
φθέγκτῳ μὴ προπέσῃς νάπει
ποιάεντι, κάθυδρος οὗ
κρατὴρ μειλιχίων ποτῶν
160 ῥεύματι συντρέχει,
τῶν, ξένε πάμμορ᾽, εὖ φύλαξαι,
μετάσταθ᾽, ἀπόβαθι. πολ-
λὰ κέλευθος ἐρατύει·
165 κλύεις, ὦ πολύμοχθ᾽ ἀλᾶτα;
λόγον εἴ τιν᾽ οἴσεις
πρὸς ἐμὰν λέσχαν, ἀβάτων ἀποβάς,
ἵνα πᾶσι νόμος,
φώνει· πρόσθεν δ᾽ ἀπερύκου.

OI.

σύστρ. β′ θύγατερ, ποῖ τις φροντίδος ἔλθῃ;

AN.

171 ὦ πάτερ, ἀστοῖς ἴσα χρὴ μελετᾶν,
εἴκοντας ἃ δεῖ κἀκούοντας.

OI.

πρόσθιγέ νύν μου.

AN.

ψαύω καὶ δή.

OI.

ὦ ξεῖνοι, μὴ δῆτ᾽ ἀδικηθῶ
175 σοὶ πιστεύσας καὶ μεταναστάς.

XO.

στρ. β′ Οὔ τοι μήποτέ σ᾽ ἐκ τῶνδ᾽ ἑδράνων,
ὦ γέρον, ἄκοντά τις ἄξει.

OI.

"Ετ᾽ οὖν;

XO.

        ἔτι βαῖνε πόρσω.

OI.

ἔτι;

XO.

180   προβίβαζε, κούρα,
πόρσω· σὺ γὰρ ἀΐεις.

AN.

ἕπεο μάν, ἕπε᾽ ὧδ᾽ ἀμαυρῷ
κώλῳ, πάτερ, ᾇ σ᾽ ἄγω.

OI.

. . . .

AN.

. . . .
. . . .

OI

. . . .

οιδιπυσ επι κολωνωι 139

XO.

185 τόλμα ξεῖνος ἐπὶ ξένης,
ὦ τλάμων, ὅ τι καὶ πόλις
τέτροφεν ἄφιλον ἀποστυγεῖν
καὶ τὸ φίλον σέβεσθαι.

OI.

σύστρ. γ' Ἄγε νυν σύ με, παῖ,
ἵν' ἂν εὐσεβίας ἐπιβαίνοντες
190 τὸ μὲν εἴπωμεν, τὸ δ' ἀκούσωμεν,
καὶ μὴ χρείᾳ πολεμῶμεν.

XO.

ἀντ. β' Αὐτοῦ· μηκέτι τοῦδ' ἀντιπέτρου
βήματος ἔξω πόδα κλίνῃς.

OI.

οὕτως;

XO.

ἅλις, ὡς ἀκούεις.

OI.

ἦ ἐσθῶ;

XO.

195 λέχριός γ' ἐπ' ἄκρου
λᾶος βραχὺς ὀκλάσας.

AN.

πάτερ, ἐμὸν τόδ'· ἐν ἡσυχαίᾳ

OI.

ἰώ μοί μοι,
βάσει βάσιν ἅρμοσαι...

AN.

200   γεραὸν ἐς χέρα σῶμα σὸν
προκλίνας φιλίαν ἐμάν.

OI.

ὥμοι δύσφρονος ἄτας.

XO.

ὦ τλάμων, ὅτε νῦν χαλᾷς,
αὔδασον, τοῦ ἔφυς βροτῶν;
205   τίς ὁ πολύπονος ἄγει; τίν᾽ ἂν
σοῦ πατρίδ᾽ ἐκπυθοίμαν;

OI.

ὦ ξένοι,
ἀπόπτολις· ἀλλὰ μὴ...

XO.

τί τόδ᾽ ἀπεννέπεις, γέρον;

OI.

210   μὴ μὴ μή μ᾽ ἀνέρῃ τίς εἰμι,
μηδ᾽ ἐξετάσῃς πέρα ματεύων.

XO.

τί τόδ᾽;

οιδιπυσ επι κολωνωι

ΟΙ.

αἰνὰ φύσις.

ΧΟ.

αὔδα.

ΟΙ.

τέκνον, ὤμοι, τί γεγώνω;

ΧΟ.

215 τίνος εἶ σπέρματος, ὦ ξένε, φώνει, πατρόθεν;

ΟΙ.

ὤμοι ἐγώ, τί πάθω, τέκνον ἐμόν;

ΑΝ.

λέγ', ἐπείπερ ἐπ' ἔσχατα βαίνεις.

ΟΙ.

ἀλλ' ἐρῶ· οὐ γὰρ ἔχω κατακρυφάν.

ΧΟ.

μακρὰ μέλλετον, ἀλλὰ τάχυνε.

ΟΙ.

Λαΐου ἴστε τιν'; ὤ.

ΧΟ.

220 ὤ, ὤ.

ΟΙ.

τό τε Λαβδακιδᾶν γένος;

XO.

ὦ Ζεῦ.

ΟΙ.

ἄθλιον Οἰδιπόδαν;

XO.

σὺ γὰρ ὅδ᾽ εἶ;

ΟΙ.

δέος ἴσχετε μηδὲν ὅσ᾽ αὐδῶ.

XO.

ἰώ, ὤ, ὤ.

ΟΙ.

δύσμορος.

XO.

ὤ, ὤ.

ΟΙ.

225   θύγατερ, τί ποτ᾽ αὐτίκα κύρσει;

XO.

ἔξω πόρσω βαίνετε χώρας.

ΟΙ.

ἃ δ᾽ ὑπέσχεο ποῖ καταθήσεις;

οιδιπυσ επι κολωνωι 143

ΧΟ.

οὐδενὶ μοιριδία τίσις ἔρχεται
230 ὧν προπάθῃ τὸ τίνειν· ἀπάτα δ' ἀπά-
ταις ἑτέραις ἑτέρα παραβαλλομέ-
να πόνον, οὐ χάριν, ἀντιδίδωσιν ἔ-
χειν. σὺ δὲ τῶνδ' ἑδράνων πάλιν ἔκτοπος
αὖθις ἄφορμος ἐμᾶς χθονὸς ἔκθορε,
235 μή τι πέρα χρέος
ἐμᾷ πόλει προσάψῃς.

ΑΝ.

ὦ ξένοι
αἰδόφρονες, ἀλλ' ἐπεὶ
γεραὸν πατέρα τόνδ' ἐμὸν
οὐκ ἀνέτλατ' ἔργων
240 ἀκόντων ἀΐοντες αὐδάν,
ἀλλ' ἐμὲ τὰν μελέαν, ἱκετεύομεν, ὦ ξένοι, οἰκτεί-
ραθ', ἃ
πατρὸς ὑπὲρ τοὐμοῦ μόνου ἄντομαι,
ἄντομαι οὐκ ἀλαοῖς προσορωμένα
245 ὄμμα σὸν ὄμμασιν, ὥς τις ἀφ' αἵματος
ὑμετέρου προφανεῖσα, τὸν ἄθλιον
αἰδοῦς κύρσαι· ἐν ὕμμι γὰρ ὡς θεῷ
κείμεθα τλάμονες· ἀλλ' ἴτε, νεύσατε τὰν ἀδόκητον
χάριν.
250 πρός σ' ὅ τι σοι φίλον ἐκ σέθεν ἄντομαι,
ἢ τέκνον, ἢ λέχος, ἢ χρέος, ἢ θεός.
οὐ γὰρ ἴδοις ἂν ἀθρῶν βροτὸν
ὅστις ἄν, εἰ θεὸς
ἄγοι, ἐκφυγεῖν δύναιτο.

XO.

255 ἀλλ' ἴσθι, τέκνον Οἰδίπου, σέ τ' ἐξ ἴσου
οἰκτίρομεν καὶ τόνδε συμφορᾶς χάριν·
τὰ δ' ἐκ θεῶν τρέμοντες οὐ σθένοιμεν ἄν
φωνεῖν πέρα τῶν πρὸς σὲ νῦν εἰρημένων.

ΟΙ.

τί δῆτα δόξης, ἢ τί·κληδόνος καλῆς
μάτην ῥεούσης ὠφέλημα γίγνεται,
260 εἰ τάς γ' Ἀθήνας φασὶ θεοσεβεστάτας
εἶναι, μόνας δὲ τὸν κακούμενον ξένον
σώζειν οἵας τε καὶ μόνας ἀρκεῖν ἔχειν,
κἄμοιγε ποῦ ταῦτ' ἐστὶν, οἵτινες βάθρων
ἐκ τῶνδέ μ' ἐξάραντες εἶτ' ἐλαύνετε,
265 ὄνομα μόνον δείσαντες; οὐ γὰρ δὴ τό γε
σῶμ' οὐδὲ τἄργα τἄμ·· ἐπεὶ τά γ' ἔργα μου
πεπονθότ' ἐστὶ μᾶλλον ἢ δεδρακότα,
εἴ σοι τὰ μητρὸς καὶ πατρὸς χρείη λέγειν,
ὧν οὕνεκ' ἐκφοβεῖ με. τοῦτ' ἐγὼ καλῶς
270 ἔξοιδα. καίτοι πῶς ἐγὼ κακὸς φύσιν,
ὅστις παθὼν μὲν ἀντέδρων, ὥστ' εἰ φρονῶν
ἔπρασσον, οὐδ' ἂν ὧδ' ἐγιγνόμην κακός;
νῦν δ' οὐδὲν εἰδὼς ἱκόμην ἵν' ἱκόμην,
ὑφ' ὧν δ' ἔπασχον, εἰδότων ἀπωλλύμην.
275 ἀνθ' ὧν ἱκνοῦμαι πρὸς θεῶν ὑμᾶς, ξένοι,
ὥσπερ με κἀνεστήσαθ' ὧδε σώσατε,
καὶ μὴ θεοὺς τιμῶντες εἶτα τοὺς θεοὺς
μοίραις ποιεῖσθε μηδαμῶς· ἡγεῖσθε δὲ
βλέπειν μὲν αὐτοὺς πρὸς τὸν εὐσεβῆ βροτῶν,
280 βλέπειν δὲ πρὸς τοὺς δυσσεβεῖς, φυγὴν δέ του
μήπω γενέσθαι φωτὸς ἀνοσίου βροτῶν.
ξὺν οἷς σὺ μὴ κάλυπτε τὰς εὐδαίμονας

οιδιπυσ επι κολωνωι   145

ἔργοις Ἀθήνας ἀνοσίοις ὑπηρετῶν.
ἀλλ' ὥσπερ ἔλαβες τὸν ἱκέτην ἐχέγγυον,
285 ῥύου με κἀκφύλασσε· μηδέ μου κάρα
τὸ δυσπρόσοπτον εἰσορῶν ἀτιμάσῃς.
ἥκω γὰρ ἱερὸς εὐσεβής τε καὶ φέρων
ὄνησιν ἀστοῖς τοῖσδ'· ὅταν δ' ὁ κύριος
παρῇ τις, ὑμῶν ὅστις ἐστὶν ἡγεμών,
290 τότ' εἰσακούων πάντ' ἐπιστήσει· τὰ δὲ
μεταξὺ τούτου μηδαμῶς γίγνου κακός.

ΧΟ.

ταρβεῖν μὲν, ὦ γεραιὲ, τἀνθυμήματα
πολλή 'στ' ἀνάγκη τἀπὸ σοῦ· λόγοισι γὰρ
οὐκ ὠνόμασται βραχέσι. τοὺς δὲ τῆσδε γῆς
295 ἄνακτας ἀρκεῖ ταῦτά μοι διειδέναι.

ΟΙ.

καὶ ποῦ 'σθ' ὁ κραίνων τῆσδε τῆς χώρας, ξένοι;

ΧΟ.

πατρῷον ἄστυ γῆς ἔχει· σκοπὸς δέ νιν,
ὃς κἀμὲ δεῦρ' ἔπεμπεν, οἴχεται στελῶν,

ΟΙ.

ἦ καὶ δοκεῖτε τοῦ τυφλοῦ τιν' ἐντροπὴν
300 ἦ φροντίδ' ἕξειν, αὐτὸν ὥστ' ἐλθεῖν πέλας;

ΧΟ.

καὶ κάρθ', ὅταν περ τοὔνομ' αἴσθηται τὸ σόν.

ΟΙ.

τίς δ' ἔσθ' ὁ κείνῳ τοῦτο τοὔπος ἀγγελῶν;

XO.

μακρὰ κέλευθος· πολλὰ δ' ἐμπόρων ἔπη
φιλεῖ πλανᾶσθαι, τῶν ἐκεῖνος ἀΐων,
305 θάρσει, παρέσται. πολὺ γὰρ, ὦ γέρον, τὸ σὸν
ὄνομα διήκει πάντας, ὥστε κεἰ βραδὺς
εὕδει, κλύων σου δεῦρ' ἀφίξεται ταχύς.

ΟΙ.

ἀλλ' εὐτυχὴς ἵκοιτο τῇ θ' αὐτοῦ πόλει
ἐμοί τε. τίς γὰρ ἐσθλὸς οὐχ αὑτῷ φίλος;

ΑΝ.

310 ὦ Ζεῦ, τί λέξω; ποῖ φρενῶν ἔλθω, πάτερ;

ΟΙ.

τί δ' ἔστι, τέκνον Ἀντιγόνη;

ΑΝ.

γυναῖχ' ὁρῶ
στείχουσαν ἡμῶν ἆσσον, Αἰτναίας ἐπὶ
πώλου βεβῶσαν· κρατὶ δ' ἡλιοστερὴς
κυνῇ πρόσωπα Θεσσαλίς νιν ἀμπέχει.
315 τί φῶ;
ἆρ' ἔστιν; ἆρ' οὐκ ἔστιν; ἢ γνώμη πλανᾷ.
καὶ φημὶ κἀπόφημι κοὐκ ἔχω τί φῶ.
τάλαινα,
οὐκ ἔστιν ἄλλη· φαιδρὰ γοῦν ἀπ' ὀμμάτων
320 σαίνει με προσστείχουσα· σημαίνει δ' ὅτι
μόνης φίλον τόδ' ἐστὶν Ἰσμήνης κάρα.

οιδιπυσ επι κολωνωι

ΟΙ.

πῶς εἶπας, ὦ παῖ;

ΑΝ.

παῖδα σὴν, ἐμὴν δ᾽ ὁρᾶν
ὅμαιμον· αὐδῇ δ᾽ αὐτίκ᾽ ἔξεστιν μαθεῖν.

ΙΣΜΗΝΗ

ὦ δισσὰ πατρὸς καὶ κασιγνήτης ἐμοὶ
ἥδιστα προσφωνήμαθ᾽, ὡς ὑμᾶς μόλις
εὑροῦσα λύπῃ δεύτερον μόλις βλέπω.

ΟΙ.

ὦ τέκνον, ἥκεις;

ΙΣ.

ὦ πάτερ δύσμοιρ᾽ ὁρᾶν.

ΟΙ.

τέκνον, πέφηνας;

ΙΣ.

οὐκ ἄνευ μόχθου γέ μοι.

ΟΙ.

πρόσψαυσον, ὦ παῖ.

ΙΣ.

θιγγάνω δυοῖν ὁμοῦ.

ΟΙ.

ὦ σπέρμ᾽ ὅμαιμον.

ΙΣ.

ὦ δυσάθλιοι τροφαί.

ΟΙ.

ἦ τῆσδε κἀμοῦ;

ΙΣ.

δυσμόρου τ᾽ ἐμοῦ τρίτης.

ΟΙ.

τέκνον, τί δ᾽ ἦλθες;

ΙΣ.

σῇ, πάτερ, προμηθίᾳ.

ΟΙ.

πότερα πόθοισι;

ΙΣ.

καὶ λόγοις γ᾽ αὐτάγγελος,
ξὺν ᾧπερ εἶχον οἰκετῶν πιστῷ μόνῳ.

ΟΙ.

335 οἱ δ᾽ αὐθόμαιμοι ποῖ νεανίαι πονεῖν;

ΙΣ.

εἴσ᾽ οὗπέρ εἰσι· δεινὰ τἀν κείνοις τὰ νῦν.

οιδιπυσ επι κολωνωι   149

ΟΙ.

ὦ πάντ' ἐκείνω τοῖς ἐν Αἰγύπτῳ νόμοις
φύσιν κατεικασθέντε καὶ βίου τροφάς·
ἐκεῖ γὰρ οἱ μὲν ἄρσενες κατὰ στέγας
340 θακοῦσιν ἱστουργοῦντες, αἱ δὲ σύννομοι
τἄξω βίου τροφεῖα πορσύνουσ' ἀεί.
σφῷν δ', ὦ τέκν', οὓς μὲν εἰκὸς ἦν πονεῖν τάδε,
κατ' οἶκον οἰκουροῦσιν ὥστε παρθένοι,
σφὼ δ' ἀντ' ἐκείνων τἀμὰ δυστήνου κακὰ
345 ὑπερπονεῖτον. ἡ μὲν ἐξ ὅτου νέας
τροφῆς ἔληξε καὶ κατίσχυσεν δέμας,
ἀεὶ μεθ' ἡμῶν δύσμορος πλανωμένη
γερονταγωγεῖ, πολλὰ μὲν κατ' ἀγρίαν
ὕλην ἄσιτος νηλίπους τ' ἀλωμένη,
350 πολλοῖσι δ' ὄμβροις ἡλίου τε καύμασι
μοχθοῦσα τλήμων δεύτερ' ἡγεῖται τὰ τῆς
οἴκοι διαίτης, εἰ πατὴρ τροφὴν ἔχοι·
σὺ δ', ὦ τέκνον, πρόσθεν μὲν ἐξίκου πατρὶ
μαντεῖ' ἄγουσα πάντα, Καδμείων λάθρᾳ,
355 ἃ τοῦδ' ἐχρήσθη σώματος· φύλαξ δέ μου
πιστὴ κατέστης, γῆς ὅτ' ἐξηλαυνόμην.
νῦν δ' αὖ τίν' ἥκεις μῦθον, Ἰσμήνη, πατρὶ
φέρουσα; τίς σ' ἐξῆρεν οἴκοθεν στόλος;
ἥκεις γὰρ οὐ κενή γε, τοῦτ' ἐγὼ σαφῶς
360 ἔξοιδα, μὴ οὐχὶ δεῖμ' ἐμοὶ φέρουσά τι.

ΙΣ.

ἐγὼ τὰ μὲν παθήμαθ' ἅπαθον, πάτερ,
ζητοῦσα τὴν σὴν ποῦ κατοικοίης τροφήν,
παρεῖσ' ἐάσω· γὰρ οὐχὶ βούλομαι
πονοῦσά τ' ἀλγεῖν καὶ λέγουσ' αὖθις πάλιν·
365 ἃ δ' ἀμφὶ τοῖν σοῖν δυσμόροιν παίδοιν κακὰ

νῦν ἐστι, ταῦτα σημανοῦσ᾽ ἐλήλυθα.
πρὶν μὲν γὰρ αὐτοῖς ἦν ἔρως Κρέοντί τε
θρόνους ἐᾶσθαι μηδὲ χραίνεσθαι πόλιν,
λόγῳ σκοποῦσι τὴν πάλαι γένους φθορὰν,
370 οἷα κατέσχε τὸν σὸν ἄθλιον δόμον·
νῦν δ᾽ ἐκ θεῶν του κἀλιτηρίου φρενὸς
εἰσῆλθε τοῖν τρὶς ἀθλίοιν ἔρις κακὴ,
ἀρχῆς λαβέσθαι καὶ κράτους τυραννικοῦ.
χὼ μὲν νεάζων καὶ χρόνῳ μείων γεγὼς
375 τὸν πρόσθε γεννηθέντα Πολυνείκη θρόνων
ἀποστερίσκει, κἀξελήλακεν πάτρας.
ὁ δ᾽, ὡς καθ᾽ ἡμᾶς ἔσθ᾽ ὁ πληθύων λόγος,
τὸ κοῖλον Ἄργος βὰς φυγὰς, προσλαμβάνει
κῆδός τε καινὸν καὶ ξυνασπιστὰς φίλους,
380 ὡς αὐτίκ᾽ Ἄργος ἢ τὸ Καδμείων πέδον
τιμῇ καθέξον, ἢ πρὸς οὐρανὸν βιβῶν.
ταῦτ᾽ οὐκ ἀριθμός ἐστιν, ὦ πάτερ, λόγων,
ἀλλ᾽ ἔργα δεινά· τοὺς δὲ σοὺς ὅποι θεοὶ
πόνους κατοικτιοῦσιν οὐκ ἔχω μαθεῖν.

ΟΙ.

385 ἤδη γὰρ ἔσχες ἐλπίδ᾽ ὡς ἐμοῦ θεοὺς
ὥραν τιν᾽ ἕξειν, ὥστε σωθῆναί ποτε;

ΙΣ.

ἔγωγε τοῖς νῦν γ᾽, ὦ πάτερ, μαντεύμασιν.

ΟΙ.

ποίοισι τούτοις; τί δὲ τεθέσπισται, τέκνον;

ΙΣ.

σὲ τοῖς ἐκεῖ ζητητὸν ἀνθρώποις ποτὲ
390 θανόντ᾽ ἔσεσθαι ζῶντά τ᾽ εὐσοίας χάριν.

οιδιπυσ επι κολωνωι

ΟΙ.

τίς δ' ἂν τοιοῦδ' ὑπ' ἀνδρὸς εὖ πράξειεν ἄν;

ΙΣ.

ἐν σοὶ τὰ κείνων φασὶ γίγνεσθαι κράτη.

ΟΙ.

ὅτ' οὐκέτ' εἰμί, τηνικαῦτ' ἄρ' εἴμ' ἀνήρ;

ΙΣ.

νῦν γὰρ θεοί σ' ὀρθοῦσι, πρόσθε δ' ὤλλυσαν.

ΟΙ.

395 γέροντα δ' ὀρθοῦν φλαῦρον ὃς νέος πέσῃ.

ΙΣ.

μὴν Κρέοντά γ' ἴσθι σοι τούτων χάριν
ἥξοντα βαιοῦ κοὐχὶ μυρίου χρόνου.

ΟΙ.

ὅπως τί δράσῃ, θύγατερ; ἑρμήνευέ μοι.

ΙΣ.

ὥς σ' ἄγχι γῆς στήσωσι Καδμείας, ὅπως
400 κρατῶσι μέν σου, γῆς δὲ μὴ 'μβαίνῃς ὅρων.

ΟΙ.

ἡ δ' ὠφέλησις τίς θύρασι κειμένου;

ΙΣ.

κείνοις ὁ τύμβος δυστυχῶν ὁ σὸς βαρύς.

ΟΙ.

κἄνευ θεοῦ τις τοῦτό γ' ἂν γνώμῃ μάθοι.

ΙΣ.

τούτου χάριν τοίνυν σε προσθέσθαι πέλας
405   χώρας θέλουσι, μηδ' ἵν' ἂν σαυτοῦ κρατῇς.

ΟΙ.

ἦ καὶ κατασκιῶσι Θηβαίᾳ κόνει;

ΙΣ.

ἀλλ' οὐκ ἐᾷ τοὐμφυλον αἷμά σ', ὦ πάτερ.

ΟΙ.

οὐκ ἄρ' ἐμοῦ γε μὴ κρατήσωσίν ποτέ.

ΙΣ.

ἔσται ποτ' ἆρα τοῦτο Καδμείοις βάρος.

ΟΙ.

410   ποίας φανείσης, ὦ τέκνον, ξυναλλαγῆς;

ΙΣ.

τῆς σῆς ὑπ' ὀργῆς, σοῖς ὅταν στῶσιν τάφοις.

ΟΙ.

ἃ δ' ἐννέπεις, κλύουσα τοῦ λέγεις, τέκνον;

ΙΣ.

ἀνδρῶν θεωρῶν Δελφικῆς ἀφ' ἑστίας.

οιδιπυσ επι κολωνωι 153

ΟΙ.

καὶ ταῦτ᾽ ἐφ᾽ ἡμῖν Φοῖβος εἰρηκὼς κυρεῖ;

ΙΣ.

415 ὥς φασιν οἱ μολόντες ἐς Θήβης πέδον.

ΟΙ.

παίδων τις οὖν ἤκουσε τῶν ἐμῶν τάδε;

ΙΣ.

ἄμφω γ᾽ ὁμοίως, κἀξεπίστασθον καλῶς.

ΟΙ.

ϑ᾽ οἱ κάκιστοι τῶνδ᾽ ἀκούσαντες πάρος
τοὐμοῦ πόθου προὔθεντο τὴν τυραννίδα;

ΙΣ.

420 ἀλγῶ κλύουσα ταῦτ᾽ ἐγώ, φέρω δ᾽ ὅμως.

ΟΙ.

ἀλλ᾽ οἱ θεοί σφιν μήτε τὴν πεπρωμένην
ἔριν κατασβέσειαν, ἐν δ᾽ ἐμοὶ τέλος
αὐτοῖν γένοιτο τῆσδε τῆς μάχης πέρι,
ἧς νῦν ἔχονται κἀπαναίρονται δόρυ·
425 ὡς οὔτ᾽ ἂν ὃς νῦν σκῆπτρα καὶ θρόνους ἔχει
μείνειεν, οὔτ᾽ ἂν οὑξεληλυθὼς πάλιν
ἔλθοι ποτ᾽ αὖθις· οἵ γε τὸν φύσαντ᾽ ἐμὲ
οὕτως ἀτίμως πατρίδος ἐξωθούμενον
οὐκ ἔσχον οὐδ᾽ ἤμυναν, ἀλλ᾽ ἀνάστατος
430 αὐτοῖν ἐπέμφθην κἀξεκηρύχθην φυγάς.
εἴποις ἂν ὡς θέλοντι τοῦτ᾽ ἐμοὶ τότε
πόλις τὸ δῶρον εἰκότως κατήνυσεν.

154

οὐ δῆτ', ἐπεί τοι τὴν μὲν αὐτίχ' ἡμέραν,
ὁπηνίκ' ἕξει θυμός, ἥδιστον δέ μοι
435 τὸ κατθανεῖν ἦν καὶ τὸ λευσθῆναι πέτροις,
οὐδεὶς ἔρωτος τοῦδ' ἐφαίνετ' ὠφελῶν·
χρόνῳ δ' ὅτ' ἤδη πᾶς ὁ μόχθος ἦν πέπων,
κἀμάνθανον τὸν θυμὸν ἐκδραμόντα μοι
μείζω κολαστὴν τῶν πρὶν ἡμαρτημένων,
440 τὸ τηνίκ' ἤδη τοῦτο μὲν πόλις βίᾳ
ἤλαυνέ μ' ἐκ γῆς χρόνιον, οἱ δ' ἐπωφελεῖν,
οἱ τοῦ πατρὸς τῷ πατρὶ δυνάμενοι, τὸ δρᾶν
οὐκ ἠθέλησαν, ἀλλ' ἔπους σμικροῦ χάριν
φυγάς σφιν ἔξω πτωχὸς ἠλώμην ἐγώ.
445 ἐκ τοῖνδε δ', οὔσαιν παρθένοιν, ὅσον φύσις
δίδωσιν αὐταῖν, καὶ τροφὰς ἔχω βίου
καὶ γῆς ἄδειαν καὶ γένους ἐπάρκεσιν·
τὼ δ' ἀντὶ τοῦ φύσαντος εἱλέσθην θρόνους
καὶ σκῆπτρα κραίνειν καὶ τυραννεύειν χθονός.
450 ἀλλ' οὔ τι μὴ λάχωσι τοῦδε συμμάχου,
οὐδέ σφιν ἀρχῆς τῆσδε Καδμείας ποτὲ
ὄνησις ἥξει· τοῦτ' ἐγᾦδα, τῇσδέ τε
μαντεῖ' ἀκούων, συννοῶν τε τἀξ ἐμοῦ
παλαίφαθ' ἀμοὶ Φοῖβος ἤνυσέν ποτε.
455 πρὸς ταῦτα καὶ Κρέοντα πεμπόντων ἐμοῦ
μαστῆρα, κεῖ τις ἄλλος ἐν πόλει σθένει.
ἐὰν γὰρ ὑμεῖς, ὦ ξένοι, θέληθ' ὁμοῦ
προστάτισι ταῖς σεμναῖσι δημούχοις θεαῖς
ἀλκὴν ποιεῖσθαι, τῇδε τῇ πόλει μέγαν
460 σωτῆρ' ἀρεῖσθε, τοῖς δ' ἐμοῖς ἐχθροῖς πόνους.

ΧΟ.

ἐπάξιος μέν, Οἰδίπους, κατοικτίσαι,
αὐτός τε παῖδές θ' αἵδ'· ἐπεὶ δὲ τῆσδε γῆς

οιδιπυσ επι κολωνωι 155

σωτῆρα σαυτὸν τῷδ' ἐπεμβάλλεις λόγῳ,
παραινέσαι σοι βούλομαι τὰ σύμφορα.

ΟΙ.

465 ὦ φίλταθ', ὡς νῦν πᾶν τελοῦντι προξένει.

ΧΟ.

θοῦ νῦν καθαρμὸν τῶνδε δαιμόνων, ἐφ' ἃς
τὸ πρῶτον ἵκου, καὶ κατέστειψας πέδον.

ΟΙ.

τρόποισι ποίοις; ὦ ξένοι, διδάσκετε.

ΧΟ.

πρῶτον μὲν ἱρὰς ἐξ ἀειρύτου χοὰς
470 κρήνης ἐνεγκοῦ, δι' ὁσίων χειρῶν θιγών.

ΟΙ.

ὅταν δὲ τοῦτο χεῦμ' ἀκήρατον λάβω;

ΧΟ.

κρατῆρές εἰσιν, ἀνδρὸς εὔχειρος τέχνη,
ὧν κρᾶτ' ἔρεψον καὶ λαβὰς ἀμφιστόμους.

ΟΙ.

θαλλοῖσιν, ἢ κρόκαισιν, ἢ ποίῳ τρόπῳ;

ΧΟ.

475 οἰὸς σὺ νεαρᾶς νεοπόκῳ μαλλῷ λαβών.

ΟΙ.

εἶεν· τὸ δ' ἔνθεν ποῖ τελευτῆσαί με χρή;

ΧΟ.

χοὰς χέασθαι στάντα πρὸς πρώτην ἕω.

ΟΙ.

ἢ τοῖσδε κρωσσοῖς οἷς λέγεις χέω τάδε;

ΧΟ.

τρισσάς γε πηγάς· τὸν τελευταῖον δ' ὅλον.

ΟΙ.

480   τοῦ τόνδε πλήσας θῶ; δίδασκε καὶ τόδε.

ΧΟ.

ὕδατος, μελίσσης· μηδὲ προσφέρειν μέθυ.

ΟΙ.

ὅταν δὲ τούτων γῆ μελάμφυλλος τύχῃ;

ΧΟ.

τρὶς ἐννέ' αὐτῇ κλῶνας ἐξ ἀμφοῖν χεροῖν
τιθεὶς ἐλαίας τασδ' ἐπεύχεσθαι λιτάς.

ΟΙ.

485   τούτων ἀκοῦσαι βούλομαι· μέγιστα γάρ.

ΧΟ.

ὥς σφας καλοῦμεν Εὐμενίδας, ἐξ εὐμενῶν
στέρνων δέχεσθαι τὸν ἱκέτην σωτηρίον.
αἰτοῦ σύ τ' αὐτὸς κεῖ τις ἄλλος ἀντὶ σοῦ,
ἄπυστα φωνῶν μηδὲ μηκύνων βοήν.
490   ἔπειτ' ἀφέρπειν ἄστροφος. καὶ ταῦτά σοι

οιδιπυσ επι κολωνωι 157

δράσαντι θαρσῶν ἂν παρασταίην ἐγώ,
ἄλλως δὲ δειμαίνοιμ' ἂν, ὦ ξέν', ἀμφὶ σοί.

ΟΙ.

ὦ παῖδε, κλύετον τῶνδε προσχώρων ξένων;

ΑΝ.

ἠκούσαμέν τε χὥ τι δεῖ πρόστασσε δρᾶν.

ΟΙ.

495 ἐμοὶ μὲν οὐχ ὁδωτά· λείπομαι γὰρ ἐν
τῷ μὴ δύνασθαι μηδ' ὁρᾶν, δυοῖν κακοῖν·
σφῷν δ' ἀτέρα μολοῦσα πραξάτω τάδε.
ἀρκεῖν γὰρ οἶμαι κἀντὶ μυρίων μίαν
ψυχὴν τάδ' ἐκτίνουσαν, ἢν εὔνους παρῇ.
500 ἀλλ' ἐν τάχει τι πράσσετον· μόνον δέ με
μὴ λείπετ'. οὐ γὰρ ἂν σθένοι τοὐμὸν δέμας
ἔρημον ἕρπειν οὐδ' ὑφηγητοῦ δίχα.

ΙΣ.

ἀλλ' εἶμ' ἐγὼ τελοῦσα· τὸν τόπον δ' ἵνα
χρή 'σται μ' ἐφευρεῖν, τοῦτο βούλομαι μαθεῖν.

ΧΟ.

505 τοὐκεῖθεν ἄλσους, ὦ ξένη, τοῦδ'. ἢν δέ του
σπάνιν τιν' ἴσχῃς, ἔστ' ἔποικος, ὃς φράσει.

ΙΣ.

χωροῖμ' ἂν ἐς τόδ'. Ἀντιγόνη, σὺ δ' ἐνθάδε
φύλασσε πατέρα τόνδε· τοῖς τεκοῦσι γὰρ
οὐδ' εἰ πονεῖ τις, δεῖ πόνου μνήμην ἔχειν.

XO.

στρ. α' Δεινὸν μὲν τὸ πάλαι κείμενον ἤδη κακόν, ὦ
510 ξεῖν', ἐπεγείρειν·
ὅμως δ' ἔραμαι πυθέσθαι,

ΟΙ.

τί τοῦτο;

XO.

τᾶς δειλαίας ἀπόρου φανείσας
ἀλγηδόνος, ᾇ ξυνέστας.

ΟΙ.

515 μὴ πρὸς ξενίας ἀνοίξῃς
τᾶς σᾶς, ἃ πέπονθ' ἀναιδῆ.

XO.

τό τοι πολὺ καὶ μηδαμὰ λῆγον
χρήζω, ξεῖν', ὀρθὸν ἄκουσμ' ἀκοῦσαι.

ΟΙ.

ὤμοι.

XO.

στέρξον, ἱκετεύω.

ΟΙ.

φεῦ φεῦ.

XO.

520 πείθου· κἀγὼ γὰρ ὅσον σὺ προσχρήζεις.

οιδιπυσ επι κολωνωι   159

ΟΙ.

ἀντ. α′ Ἤνεγκ᾽ οὖν κακότατ᾽, ὦ ξένοι, ἤνεγκ᾽ ἀέκων μὲν,
θεὸς ἴστω,
τούτων δ᾽ αὐθαίρετον οὐδέν.

ΧΟ.

ἀλλ᾽ ἐς τί;

ΟΙ.

525 κακᾷ μ᾽ εὐνᾷ πόλις οὐδὲν ἴδριν
γάμων ἐνέδησεν ἄτᾳ.

ΧΟ.

ἦ ματρόθεν, ὡς ἀκούω,
δυσώνυμα λέκτρ᾽ ἐπλήσω;

ΟΙ.

ὤμοι, θάνατος μὲν τάδ᾽ ἀκούειν,
530 ὦ ξεῖν᾽· αὖται δὲ δύ᾽ ἐξ ἐμοῦ μὲν

ΧΟ.

πῶς φής;

ΟΙ.

παῖδε, δύο δ᾽ ἄτα

ΧΟ.

ὦ Ζεῦ.

ΟΙ.

ματρὸς κοινᾶς ἀπέβλαστον ὠδῖνος.

XO.

στρ. β′ σαί τ᾽ εἶσ᾽ ἄρ᾽ ἀπόγονοί τε καὶ...

ΟΙ.

535 κοιναί γε πατρὸς ἀδελφεαί.

XO.

ἰώ.

ΟΙ.

ἰὼ δῆτα μυρίων γ᾽ ἐπιστροφαὶ κακῶν·

XO.

ἔπαθες

ΟΙ.

ἔπαθον ἄλαστ᾽ ἔχειν.

XO.

ἔρεξας

ΟΙ.

οὐκ ἔρεξα.

XO.

τί γάρ;

ΟΙ.

ἐδεξάμην

540 δῶρον, ὃ μήποτ᾽ ἐγὼ ταλακάρδιος
ἐπωφέλησα πόλεος ἐξελέσθαι.

οιδιπυσ επι κολωνωι   161

ΧΟ.

ἀντ. β'   δύστανε, τί γάρ; ἔθου φόνον

ΟΙ.

τί τοῦτο; τί δ' ἐθέλεις μαθεῖν;

ΧΟ.

πατρός;

ΟΙ.

παπαῖ, δευτέραν ἔπαισας ἐπὶ νόσῳ νόσον.

ΧΟ.

ἔκανες

ΟΙ.

545   ἔκανον. ἔχει δέ μοι

ΧΟ.

τί τοῦτο;

ΟΙ.

πρὸς δίκας τι.

ΧΟ.

τί γάρ;

ΟΙ.

ἐγὼ φράσω.
καὶ γὰρ ἄνους ἐφόνευσ' ἀπό τ' ὤλεσα·
νόμῳ δὲ καθαρός, ἄϊδρις ἐς τόδ' ἦλθον.

XO.

550
καὶ μὴν ἄναξ ὅδ᾽ ἡμὶν Αἰγέως γόνος
Θησεὺς κατ᾽ ὀμφὴν σὴν ἐφ᾽ ἀστάλη πάρα.

ΘΗΣΕΥΣ

πολλῶν ἀκούων ἔν τε τῷ πάρος χρόνῳ
τὰς αἱματηρὰς ὀμμάτων διαφθορὰς
ἔγνωκά σ᾽, ὦ παῖ Λαΐου, τανῦν θ᾽ ὁδοῖς
ἐν ταῖσδ᾽ ἀκούων μᾶλλον ἐξεπίσταμαι.
555
σκευῇ τε γάρ σε καὶ τὸ δύστηνον κάρα
δηλοῦτον ἡμῖν ὄνθ᾽ ὃς εἶ, καί σ᾽ οἰκτίσας
θέλω 'περέσθαι, δύσμορ᾽ Οἰδίπου, τίνα
πόλεως ἐπέστης προστροπὴν ἐμοῦ τ᾽ ἔχων,
αὐτός τε χἠ σὴ δύσμορος παραστάτις.
560
δίδασκε· δεινὴν γάρ τιν᾽ ἂν πρᾶξιν τύχοις
λέξας ὁποίας ἐξαφισταίμην ἐγὼ,
ὃς οἶδα καὐτὸς ὡς ἐπαιδεύθην ξένος,
ὥσπερ σύ, χὥς τις πλεῖστ᾽ ἀνὴρ ἐπὶ ξένης
ἤθλησα κινδυνεύματ᾽ ἐν τὠμῷ κάρᾳ,
565
ὥστε ξένον γ᾽ ἂν οὐδέν᾽ ὄνθ᾽, ὥσπερ σὺ νῦν,
ὑπεκτραποίμην μὴ οὐ συνεκσῴζειν· ἐπεὶ
ἔξοιδ᾽ ἀνὴρ ὢν χὥτι τῆς ἐς αὔριον
οὐδὲν πλέον μοι σοῦ μέτεστιν ἡμέρας.

ΟΙ.

Θησεῦ, τὸ σὸν γενναῖον ἐν σμικρῷ λόγῳ
570
παρῆκεν, ὥστε βραχέ᾽ ἐμοὶ δεῖσθαι φράσαι.
σὺ γάρ μ᾽ ὅς εἰμι, κἀφ᾽ ὅτου πατρὸς γεγὼς
καὶ γῆς ὁποίας ἦλθον, εἰρηκὼς κυρεῖς·
ὥστ᾽ ἐστί μοι τὸ λοιπὸν οὐδὲν ἄλλο πλὴν
εἰπεῖν ἃ χρήζω, χὡ λόγος διέρχεται.

οιδιπυσ επι κολωνωι 163

ΘΗ.

575 τοῦτ' αὐτὸ νῦν δίδασχ', ὅπως ἂν ἐκμάθω.

ΟΙ.

δώσων ἱκάνω τοὐμὸν ἄθλιον δέμας
σοὶ δῶρον, οὐ σπουδαῖον εἰς ὄψιν· τὰ δὲ
κέρδη παρ' αὐτοῦ κρείσσον' ἢ μορφὴ καλή.

ΘΗ.

ποῖον δὲ κέρδος ἀξιοῖς ἥκειν φέρων;

ΟΙ.

580 χρόνῳ μάθοις ἄν, οὐχὶ τῷ παρόντι που.

ΘΗ.

ποίῳ γὰρ ἡ σὴ προσφορὰ δηλώσεται;

ΟΙ.

ὅταν θάνω 'γὼ καὶ σύ μου ταφεὺς γένῃ.

ΘΗ.

τὰ λοίσθι' αἰτεῖ τοῦ βίου, τὰ δ' ἐν μέσῳ
ἢ λῆστιν ἴσχεις ἢ δι' οὐδενὸς ποιεῖ.

ΟΙ.

585 ἐνταῦθα γάρ μοι κεῖνα συγκομίζεται.

ΘΗ.

ἀλλ' ἐν βραχεῖ δὴ τήνδε μ' ἐξαιτεῖ χάριν.

ΟΙ.

ὅρα γε μήν· οὐ σμικρὸς, οὔχ, ἀγὼν ὅδε.

ΘΗ.

πότερα τὰ τῶν σῶν ἐκγόνων, ἢ 'μοῦ λέγεις;

ΟΙ.

κεῖνοι κομίζειν κεῖσ' ἀναγκάσουσί με.

ΘΗ.

590 ἀλλ' εἰ θέλοντ' ἄν γ', οὐδὲ σοὶ φεύγειν καλόν.

ΟΙ.

ἀλλ' οὐδ', ὅτ' αὐτὸς ἤθελον, παρίεσαν.

ΘΗ.

ὦ μῶρε, θυμὸς δ' ἐν κακοῖς οὐ ξύμφορον.

ΟΙ.

ὅταν μάθῃς μου, νουθέτει, τανῦν δ' ἔα.

ΘΗ.

δίδασκ'. ἄνευ γνώμης γὰρ οὔ με χρὴ λέγειν.

ΟΙ.

595 πέπονθα, Θησεῦ, δεινὰ πρὸς κακοῖς κακά.

ΘΗ.

ἦ τὴν παλαιὰν ξυμφορὰν γένους ἐρεῖς;

ΟΙ.

οὐ δῆτ'· ἐπεὶ πᾶς τοῦτό γ' Ἑλλήνων θροεῖ.

ΘΗ.

τί γὰρ τὸ μεῖζον ἢ κατ' ἄνθρωπον νοσεῖς;

οιδιπυσ επι κολωνωι

ΟΙ.

οὕτως ἔχει μοι· γῆς ἐμῆς ἀπηλάθην
600 πρὸς τῶν ἐμαυτοῦ σπερμάτων· ἔστιν δέ μοι
πάλιν κατελθεῖν μήποθ᾽, ὡς πατροκτόνῳ.

ΘΗ.

πῶς δῆτά σ᾽ ἂν πεμψαίαθ᾽, ὥστ᾽ οἰκεῖν δίχα;

ΟΙ.

τὸ θεῖον αὐτοὺς ἐξαναγκάσει στόμα·

ΘΗ.

ποῖον πάθος δείσαντας ἐκ χρηστηρίων;

ΟΙ.

605 ὅτι σφ᾽ ἀνάγκη τῇδε πληγῆναι χθονί.

ΘΗ.

καὶ πῶς γένοιτ᾽ ἂν τἀμὰ κἀκείνων πικρά;

ΟΙ.

ὦ φίλτατ᾽ Αἰγέως παῖ, μόνοις οὐ γίγνεται
θεοῖσι γῆρας οὐδὲ κατθανεῖν ποτε,
τὰ δ᾽ ἄλλα συγχεῖ πάνθ᾽ ὁ παγκρατὴς χρόνος.
610 φθίνει μὲν ἰσχὺς γῆς, φθίνει δὲ σώματος,
θνῄσκει δὲ πίστις, βλαστάνει δ᾽ ἀπιστία,
καὶ πνεῦμα ταὐτὸν οὔποτ᾽ οὔτ᾽ ἐν ἀνδράσιν
φίλοις βέβηκεν οὔτε πρὸς πόλιν πόλει.
τοῖς μὲν γὰρ ἤδη, τοῖς δ᾽ ἐν ὑστέρῳ χρόνῳ
615 τὰ τερπνὰ πικρὰ γίγνεται καθθις φίλα.
καὶ ταῖσι Θήβαις εἰ τανῦν εὐημερεῖ

καλῶς τὰ πρὸς σὲ, μυρίας ὁ μυρίος
χρόνος τεκνοῦται νύκτας ἡμέρας τ' ἰὼν,
ἐν αἷς τὰ νῦν ξύμφωνα δεξιώματα
620 δόρει διασκεδῶσιν ἐκ σμικροῦ λόγου·
ἵν' οὑμὸς εὕδων καὶ κεκρυμμένος νέκυς
ψυχρός ποτ' αὐτῶν θερμὸν αἷμα πίεται,
εἰ Ζεὺς ἔτι Ζεὺς χὠ Διὸς Φοῖβος σαφής.
ἀλλ' οὐ γὰρ αὐδᾶν ἡδὺ τἀκίνητ' ἔπη,
625 ἔα μ' ἐν οἷσιν ἠρξάμην, τὸ σὸν μόνον
πιστὸν φυλάσσων, κοὔποτ' Οἰδίπουν ἐρεῖς
ἀχρεῖον οἰκητῆρα δέξασθαι τόπων
τῶν ἐνθάδ', εἴπερ μὴ θεοὶ ψεύσουσί με.

ΧΟ.

ἄναξ, πάλαι καὶ ταῦτα καὶ τοιαῦτ' ἔπη
630 γῇ τῇδ' ὅδ' ἀνὴρ ὡς τελῶν ἐφαίνετο.

ΘΗ.

τίς δῆτ' ἂν ἀνδρὸς εὐμένειαν ἐκβάλοι
τοιοῦδ', ὅτῳ πρῶτον μὲν ἡ δορύξενος
κοινὴ παρ' ἡμῖν αἰέν ἐστιν ἑστία;
ἔπειτα δ' ἱκέτης δαιμόνων ἀφιγμένος
635 γῇ τῇδε κἀμοὶ δασμὸν οὐ σμικρὸν τίνει.
ἁγὼ σεβισθεὶς οὔποτ' ἐκβαλῶ χάριν
τὴν τοῦδε, χώρᾳ δ' ἔμπολιν κατοικιῶ.
εἰ δ' ἐνθάδ' ἡδὺ τῷ ξένῳ μίμνειν, σέ νιν
τάξω φυλάσσειν· εἰ δ' ἐμοῦ στείχειν μέτα
640 τόδ' ἡδύ, τούτων, Οἰδίπους, δίδωμί σοι
κρίναντι χρῆσθαι· τῇδε γὰρ ξυνοίσομαι.

ΟΙ.

ὦ Ζεῦ, διδοίης τοῖσι τοιούτοισιν εὖ.

οιδιπυσ επι κολωνωι 167

ΘΗ.

τί δῆτα χρῄζεις; ἦ δόμους στείχειν ἐμούς;

ΟΙ.

εἴ μοι θέμις γ’ ἦν· ἀλλ’ ὁ χῶρός ἐσθ’ ὅδε,

ΘΗ.

645 ἐν ᾧ τί πράξεις; οὐ γὰρ ἀντιστήσομαι.

ΟΙ.

ἐν ᾧ κρατήσω τῶν ἔμ’ ἐκβεβληκότων.

ΘΗ.

μέγ’ ἂν λέγοις δώρημα τῆς συνουσίας.

ΟΙ.

εἰ σοί γ’ ἅπερ φῂς ἐμμενεῖ τελοῦντί μοι.

ΘΗ.

θάρσει τὸ τοῦδέ γ’ ἀνδρός· οὔ σε μὴ προδῶ·

ΟΙ.

650 οὔτοι σ’ ὑφ’ ὅρκου γ’ ὡς κακὸν πιστώσομαι.

ΘΗ.

οὔκουν πέρα γ’ ἂν οὐδὲν ἢ λόγῳ φέροις.

ΟΙ.

πῶς οὖν ποιήσεις;

ΘΗ.

τοῦ μάλιστ’ ὄκνος σ’ ἔχει;

OI.

ἥξουσιν ἄνδρες

ΘΗ.

ἀλλὰ τοῖσδ' ἔσται μέλον.

OI.

ὅρα με λείπων

ΘΗ.

μὴ δίδασχ' ἃ χρή με δρᾶν.

OI.

ὀκνοῦντ' ἀνάγκη.

ΘΗ.

655   τοὐμὸν οὐκ ὀκνεῖ κέαρ.

OI.

οὐκ οἶσθ' ἀπειλὰς

ΘΗ.

οἶδ' ἐγώ σε μή τινα
ἐνθένδ' ἀπάξοντ' ἄνδρα πρὸς βίαν ἐμοῦ.
πολλαὶ δ' ἀπειλαὶ πολλὰ δὴ μάτην ἔπη
θυμῷ κατηπείλησαν, ἀλλ' ὁ νοῦς ὅταν
660   αὐτοῦ γένηται, φροῦδα τἀπειλήματα.
κείνοις δ' ἴσως κεἰ δείν' ἐπερρώσθη λέγειν
τῆς σῆς ἀγωγῆς, οἶδ' ἐγώ, φανήσεται
μακρὸν τὸ δεῦρο πέλαγος οὐδὲ πλώσιμον.
θαρσεῖν μὲν οὖν ἔγωγε κἄνευ τῆς ἐμῆς
665   γνώμης ἐπαινῶ, Φοῖβος εἰ προὔπεμψέ σε·

οιδιπυσ επι κολωνωι 169

ὅμως δὲ κἀμοῦ μὴ παρόντος οἶδ᾽ ὅτι
τοὐμὸν φυλάξει σ᾽ ὄνομα μὴ πάσχειν κακῶς.

XO.

στρ. α΄ εὐίππου, ξένε, τᾶσδε χώρας
ἵκου τὰ κράτιστα γᾶς ἔπαυλα,
670 τὸν ἀργῆτα Κολωνόν, ἔνθ᾽
ἁ λίγεια μινύρεται
θαμίζουσα μάλιστ᾽ ἀηδὼν
χλωραῖς ὑπὸ βάσσαις,
τὸν οἰνῶπον ἔχουσα κισσὸν
675 καὶ τὰν ἄβατον θεοῦ
φυλλάδα μυριόκαρπον ἀνάλιον
ἀνήνεμόν τε πάντων
χειμώνων· ἵν᾽ ὁ βακχιώτας
ἀεὶ Διόνυσος ἐμβατεύει
680 θειαῖς ἀμφιπολῶν τιθήναις.

ἀντ. α΄ θάλλει δ᾽ οὐρανίας ὑπ᾽ ἄχνας
ὁ καλλίβοτρυς κατ᾽ ἦμαρ ἀεὶ
νάρκισσος, μεγάλαιν θεαῖν
ἀρχαῖον στεφάνωμ᾽, ὅ τε
685 χρυσαυγὴς κρόκος· οὐδ᾽ ἄϋπνοι
κρῆναι μινύθουσιν
Κηφισοῦ νομάδες ῥεέθρων,
ἀλλ᾽ αἰὲν ἐπ᾽ ἦματι
ὠκυτόκος πεδίων ἐπινίσσεται
690 ἀκηράτῳ ξὺν ὄμβρῳ
στερνούχου χθονός· οὐδὲ Μουσᾶν
χοροί νιν ἀπεστύγησαν, οὐδ᾽ αὖ
ἁ χρυσάνιος Ἀφροδίτα.

στρ. β'　ἔστιν δ' οἷον ἐγὼ γᾶς Ἀσίας οὐκ ἐπακούω,
οὐδ' ἐν τᾷ μεγάλᾳ Δωρίδι νάσῳ Πέλοπος πώποτε
βλαστὸν

698　φύτευμ' ἀχείρωτον αὐτόποιον,
ἐγχέων φόβημα δαΐων,

700　ὃ τᾷδε θάλλει μέγιστα χώρᾳ,
γλαυκᾶς παιδοτρόφου φύλλον ἐλαίας·
τὸ μέν τις οὐ νεαρὸς οὔτε γήρᾳ
συνναίων ἁλιώσει χερὶ πέρσας· ὁ γὰρ εἰσαιὲν ὁρῶν
κύκλος·

705　λεύσσει νιν Μορίου Διὸς
χἀ γλαυκῶπις Ἀθάνα.

ἀντ. β'　ἄλλον δ' αἶνον ἔχω ματροπόλει τᾷδε κράτιστον,
δῶρον τοῦ μεγάλου δαίμονος, εἰπεῖν, χθονὸς·

710　αὔχημα μέγιστον,
εὔιππον, εὔπωλον, εὐθάλασσον.
ὦ παῖ Κρόνου, σὺ γάρ νιν ἐς
τόδ' εἷσας αὔχημ', ἄναξ Ποσειδᾶν,
ἵπποισιν τὸν ἀκεστῆρα χαλινὸν

715　πρώταισι ταῖσδε κτίσας ἀγυιαῖς.
ἁ δ' εὐήρετμος ἔκπαγλ' ἁλία χερσὶ παραπτομένα
πλάτα

θρῴσκει, τῶν ἑκατομπόδων
Νηρῄδων ἀκόλουθος.

ΑΝ.

720　ὦ πλεῖστ' ἐπαίνοις εὐλογούμενον πέδον,
νῦν σὸν τὰ λαμπρὰ ταῦτα δεῖ φαίνειν ἔπη.

ΟΙ.

τί δ' ἔστιν, ὦ παῖ, καινόν;

οιδιπυσ επι κολωνωι 171

ΑΝ.

ἆσσον ἔρχεται
Κρέων ὅδ᾽ ἡμῖν οὐκ ἄνευ πομπῶν, πάτερ.

ΟΙ.

ὦ φίλτατοι γέροντες, ἐξ ὑμῶν ἐμοὶ
725 φαίνοιτ᾽ ἂν ἤδη τέρμα τῆς σωτηρίας.

ΧΟ.

θάρσει, παρέσται. καὶ γὰρ εἰ γέρων ἐγώ,
τὸ τῆσδε χώρας οὐ γεγήρακε σθένος.

ΚΡΕΩΝ

ἄνδρες χθονὸς τῆσδ᾽ εὐγενεῖς οἰκήτορες,
ὁρῶ τιν᾽ ὑμᾶς ὀμμάτων εἰληφότας
730 φόβον νεώρη τῆς ἐμῆς ἐπεισόδου,
ὃν μήτ᾽ ὀκνεῖτε μήτ᾽ ἀφῆτ᾽ ἔπος κακόν.
ἥκω γὰρ οὐχ ὡς δρᾶν τι βουληθείς, ἐπεὶ
γέρων μέν εἰμι, πρὸς πόλιν δ᾽ ἐπίσταμαι
σθένουσαν ἥκων, εἴ τιν᾽ Ἑλλάδος, μέγα.
735 ἀλλ᾽ ἄνδρα τόνδε τηλικόσδ᾽ ἀπεστάλην
πείσων ἕπεσθαι πρὸς τὸ Καδμείων 'πέδον,
οὐκ ἐξ ἑνὸς στείλαντος, ἀλλ᾽ ἀστῶν ὕπο
πάντων κελευσθείς, οὕνεχ᾽ ἧκέ μοι γένει
τὰ τοῦδε πενθεῖν πήματ᾽ ἐς πλεῖστον πόλεως·
740 ἀλλ᾽, ὦ ταλαίπωρ᾽ Οἰδίπους, κλύων ἐμοῦ
ἱκοῦ πρὸς οἴκους. πᾶς σε Καδμείων λεὼς
καλεῖ δικαίως, ἐκ δὲ τῶν μάλιστ᾽ ἐγώ,
ὅσῳπερ, εἰ μὴ πλεῖστον ἀνθρώπων ἔφυν
κάκιστος, ἀλγῶ τοῖσι σοῖς κακοῖς, γέρον,
745 ὁρῶν σε τὸν δύστηνον ὄντα μὲν ξένον,
ἀεὶ δ᾽ ἀλήτην κἀπὶ προσπόλου μιᾶς

βιοστερῆ χωροῦντα, τὴν ἐγὼ τάλας
οὐκ ἄν ποτ᾽ ἐς τοσοῦτον αἰκίας πεσεῖν
ἔδοξ᾽, ὅσον πέπτωκεν ἥδε δύσμορος,
750 ἀεί σε κηδεύουσα καὶ τὸ σὸν κάρα
πτωχῷ διαίτῃ, τηλικοῦτος, οὐ γάμων
ἔμπειρος, ἀλλὰ τοὐπιόντος ἁρπάσαι.
ἆρ᾽ ἄθλιον τοὔνειδος, ὦ τάλας ἐγὼ,
ὠνείδισ᾽ ἐς σὲ κἀμὲ καὶ τὸ πᾶν γένος;
755 ἀλλ᾽ οὐ γὰρ ἔστι τἀμφανῆ κρύπτειν, σύ νυν
πρὸς θεῶν πατρῴων, Οἰδίπους, πεισθεὶς ἐμοὶ
κρύψον, θελήσας ἄστυ καὶ δόμους μολεῖν
τοὺς σοὺς πατρῴους, τήνδε τὴν πόλιν φίλως
εἰπών· ἐπαξία γάρ· ἡ δ᾽ οἴκοι πλέον
760 δίκῃ σέβοιτ᾽ ἄν, οὖσα σὴ πάλαι τροφός.

ΟΙ.

ὦ πάντα τολμῶν κἀπὸ παντὸς ἂν φέρων
λόγου δικαίου μηχάνημα ποικίλον,
τί ταῦτα πειρᾷ κἀμὲ δεύτερον θέλεις
ἑλεῖν ἐν οἷς μάλιστ᾽ ἂν ἀλγοίην ἁλούς;
765 πρόσθεν τε γάρ με τοῖσιν οἰκείοις κακοῖς
νοσοῦνθ᾽, ὅτ᾽ ἦν μοι τέρψις ἐκπεσεῖν χθονός,
οὐκ ἤθελες θέλοντι προσθέσθαι χάριν,
ἀλλ᾽ ἡνίκ᾽ ἤδη μεστὸς ἦ θυμούμενος,
καὶ τοὐν δόμοισιν ἦν διαιτᾶσθαι γλυκὺ,
770 τότ᾽ ἐξεώθεις κἀξέβαλλες, οὐδέ σοι
τὸ συγγενὲς τοῦτ᾽ οὐδαμῶς τότ᾽ ἦν φίλον·
νῦν τ᾽ αὖθις ἡνίκ᾽ εἰσορᾷς πόλιν τέ μοι
ξυνοῦσαν εὔνουν τήνδε καὶ γένος τὸ πᾶν,
πειρᾷ μετασπᾶν, σκληρὰ μαλθακῶς λέγων.
775 καίτοι τίς αὕτη τέρψις ἄκοντας φιλεῖν;
ὥσπερ τις εἴ σοι λιπαροῦντι μὲν τυχεῖν
μηδὲν διδοίη μηδ᾽ ἐπαρκέσαι θέλοι,

οιδιπυσ επι κολωνωι   173

πλήρη δ' ἔχοντι θυμὸν ὧν χρῄζοις, τότε
δωροῖθ', ὅτ' οὐδὲν ἡ χάρις χάριν φέροι·
780 ἆρ' ἂν ματαίου τῆσδ' ἂν ἡδονῆς τύχοις;
τοιαῦτα μέντοι καὶ σὺ προσφέρεις ἐμοί,
λόγῳ μὲν ἐσθλά, τοῖσι δ' ἔργοισιν κακά.
φράσω δὲ καὶ τοῖσδ', ὥς σε δηλώσω κακόν.
ἥκεις ἔμ' ἄξων, οὐχ ἵν' ἐς δόμους ἄγῃς,
785 ἀλλ' ὡς πάραυλον οἰκίσῃς, πόλις δέ σοι
κακῶν ἄνατος τῆσδ' ἀπαλλαχθῇ χθονός.
οὐκ ἔστι σοι ταῦτ', ἀλλά σοι τάδ' ἔστ', ἐκεῖ
χώρας ἀλάστωρ οὑμὸς ἐνναίων ἀεί·
ἔστιν δὲ παισὶ τοῖς ἐμοῖσι τῆς ἐμῆς
790 χθονὸς λαχεῖν τοσοῦτον, ἐνθανεῖν μόνον.
ἆρ' οὐκ ἄμεινον ἢ σὺ τἀν Θήβαις φρονῶ;
πολλῷ γ', ὅσῳπερ καὶ σαφεστέρων κλύω,
Φοίβου τε καὐτοῦ Ζηνός, ὃς κείνου πατήρ.
τὸ σὸν δ' ἀφῖκται δεῦρ' ὑπόβλητον στόμα,
795 πολλὴν ἔχον στόμωσιν· ἐν δὲ τῷ λέγειν
κάκ' ἂν λάβοις τὰ πλείον' ἢ σωτήρια.
ἀλλ' οἶδα γάρ σε ταῦτα μὴ πείθων, ἴθι·
ἡμᾶς δ' ἔα ζῆν ἐνθάδ'. οὐ γὰρ ἂν κακῶς
οὐδ' ὧδ' ἔχοντες ζῷμεν, εἰ τερποίμεθα.

ΚΡ.

800 πότερα νομίζεις δυστυχεῖν ἔμ' ἐς τὰ σὰ
ἢ σ' ἐς τὰ σαυτοῦ μᾶλλον ἐν τῷ νῦν λόγῳ;

ΟΙ.

ἐμοὶ μέν ἐσθ' ἥδιστον, εἰ σὺ μήτ' ἐμὲ
πείθειν οἷός τ' εἶ μήτε τούσδε τοὺς πέλας.

KP.

805

ὦ δύσμορ', οὐδὲ τῷ χρόνῳ φύσας φανεῖ
φρένας ποτ', ἀλλὰ λῦμα τῷ γήρᾳ τρέφει;

ΟΙ.

γλώσσῃ σὺ δεινός· ἄνδρα δ' οὐδέν' οἶδ' ἐγὼ
δίκαιον ὅστις ἐξ ἅπαντος εὖ λέγει.

KP.

χωρὶς τό τ' εἰπεῖν πολλὰ καὶ τὰ καίρια.

ΟΙ.

ὡς δὴ σὺ βραχέα, ταῦτα δ' ἐν καιρῷ λέγεις.

KP.

810

οὐ δῆθ' ὅτῳ γε νοῦς ἴσος καὶ σοὶ πάρα.

ΟΙ.

ἄπελθ', ἐρῶ γὰρ καὶ πρὸ τῶνδε, μηδέ με
φύλασσ' ἐφορμῶν ἔνθα χρὴ ναίειν ἐμέ.

KP.

μαρτύρομαι τούσδ', οὐ σέ, πρὸς δὲ τοὺς φίλους
οἷ' ἀνταμείβει ῥήματ', ἤν σ' ἕλω ποτέ...

ΟΙ.

815

τίς δ' ἄν με τῶνδε συμμάχων ἕλοι βίᾳ;

KP.

ἦ μὴν σὺ κἄνευ τοῦδε λυπηθεὶς ἔσει.

οιδιπυσ επι κολωνωι 175

ΟΙ.

ποίῳ σὺν ἔργῳ τοῦτ' ἀπειλήσας ἔχεις;

ΚΡ.

παίδοιν δυοῖν σοι τὴν μὲν ἀρτίως ἐγὼ
ξυναρπάσας ἔπεμψα, τὴν δ' ἄξω τάχα.

ΟΙ.

ὤμοι.

ΚΡ.

820   τάχ' ἕξεις μᾶλλον οἰμώζειν τάδε.

ΟΙ.

τὴν παῖδ' ἔχεις μου;

ΚΡ.

τήνδε τ' οὐ μακροῦ χρόνου.

ΟΙ.

ἰὼ ξένοι, τί δράσετ'; ἦ προδώσετε;
κοὐκ ἐξελᾶτε τὸν ἀσεβῆ τῆσδε χθονός;

ΧΟ.

χώρει, ξέν', ἔξω θᾶσσον· οὔτε γὰρ τὰ νῦν
825   δίκαι' ἃ πράσσεις οὔθ' ἃ πρόσθεν εἴργασαι.

ΚΡ.

ὑμῖν ἂν εἴη τήνδε καιρὸς ἐξάγειν
ἄκουσαν, εἰ θέλουσα μὴ πορεύσεται.

AN.

οἴμοι τάλαινα, ποῖ φύγω; ποίαν λάβω
θεῶν ἄρηξιν ἢ βροτῶν;

XO.

τί δρᾷς, ξένε;

KP.

830 οὐχ ἅψομαι τοῦδ᾽ ἀνδρός, ἀλλὰ τῆς ἐμῆς.

OI.

ὦ γῆς ἄνακτες.

XO.

ὦ ξέν᾽, οὐ δίκαια δρᾷς.

KP.

δίκαια.

XO.

πῶς δίκαια;

KP.

τοὺς ἐμοὺς ἄγω.

OI.

στρ. ἰὼ πόλις.

XO.

τί δρᾷς, ὦ ξέν᾽; οὐκ ἀφήσεις; τάχ᾽ ἐς βάσανον
835 εἶ χερῶν.

οιδιπυσ επι κολωνωι 177

ΚΡ.

εἶργου.

ΧΟ.

σοῦ μὲν οὔ, τάδε γε μωμένου.

ΚΡ.

πόλει μάχει γάρ, εἴ τι πημανεῖς ἐμέ.

ΟΙ.

οὐκ ἠγόρευον ταῦτ' ἐγώ;

ΧΟ.

μέθες χεροῖν
τὴν παῖδα θᾶσσον.

ΚΡ.

μὴ 'πίτασσ' ἃ μὴ κρατεῖς.

ΧΟ.

χαλᾶν λέγω σοι.

ΚΡ.

840   σοὶ δ' ἔγωγ' ὁδοιπορεῖν.

ΧΟ.

προβᾶθ' ὧδε, βᾶτε βᾶτ', ἔντοποι.
πόλις ἐναίρεται, πόλις ἐμά, σθένει. προβᾶθ' ὧδέ μοι.

ΑΝ.

ἀφέλκομαι δύστηνος, ὦ ξένοι ξένοι.

ΟΙ.

ποῦ, τέκνον, εἶ μοι;

ΑΝ.

845   πρὸς βίαν πορεύομαι.

ΟΙ.

ὄρεξον, ὦ παῖ, χεῖρας.

ΑΝ.

                                    ἀλλ' οὐδὲν σθένω.

ΚΡ.

οὐκ ἄξεθ' ὑμεῖς;

ΟΙ.

                                    ὦ τάλας ἐγώ, τάλας.

ΚΡ.

οὔκουν ποτ' ἐκ τούτοιν γε μὴ σκήπτροιν ἔτι
ὁδοιπορήσεις· ἀλλ' ἐπεὶ νικᾶν θέλεις
850   πατρίδα τε τὴν σὴν καὶ φίλους, ὑφ' ὧν ἐγὼ
ταχθεὶς τάδ' ἔρδω, καὶ τύραννος ὢν ὅμως,
νίκα. χρόνῳ γάρ, οἶδ' ἐγώ, γνώσει τάδε,
ὁθούνεκ' αὐτὸς αὑτὸν οὔτε νῦν καλὰ
δρᾷς οὔτε πρόσθεν εἰργάσω, βίᾳ φίλων
855   ὀργῇ χάριν δούς, ἥ σ' ἀεὶ λυμαίνεται.

ΧΟ.

ἐπίσχες αὐτοῦ, ξεῖνε.

οιδιπυσ επι κολωνωι

ΧΟ.

οὔτοι σ' ἀφήσω, τῶνδέ γ' ἐστερημένος.

ΚΡ.

καὶ μεῖζον ἆρα ῥύσιον πόλει τάχα
θήσεις· ἐφάψομαι γὰρ οὐ τούτοιν μόναιν.

ΧΟ.

ἀλλ' ἐς τί τρέψει;

ΚΡ.

860   τόνδ' ἀπάξομαι λαβών.

ΧΟ.

δεινὸν λέγεις.

ΚΡ.

             ὡς τοῦτο νῦν πεπράξεται.

ΧΟ.

ἦν μή σ' ὁ κραίνων τῆσδε γῆς ἀπειργάθῃ.

ΟΙ.

ὦ φθέγμ' ἀναιδές, ἦ σὺ γὰρ ψαύσεις ἐμοῦ;

ΚΡ.

αὐδῶ σιωπᾶν.

ΟΙ.

           μὴ γὰρ αἵδε δαίμονες
865 θεῖέν μ' ἄφωνον τῆσδε τῆς ἀρᾶς ἔτι,
ὅς μ', ὦ κάκιστε, ψιλὸν ὄμμ' ἀποσπάσας

πρὸς ὄμμασιν τοῖς πρόσθεν ἐξοίχει βίᾳ.
τοιγάρ σὲ καὐτὸν καὶ γένος τὸ σὸν θεῶν
ὁ πάντα λεύσσων Ἥλιος δοίη βίον
870 τοιοῦτον οἷον κἀμὲ γηρᾶναί ποτε.

ΚΡ.

ὁρᾶτε ταῦτα, τῆσδε γῆς ἐγχώριοι;

ΟΙ.

ὁρῶσι κἀμὲ καὶ σὲ, καὶ φρονοῦσ' ὅτι
ἔργοις πεπονθὼς ῥήμασίν σ' ἀμύνομαι.

ΚΡ.

οὔτοι καθέξω θυμόν, ἀλλ' ἄξω βίᾳ
875 κεἰ μοῦνός εἰμι τόνδε καὶ χρόνῳ βραδύς.

ΟΙ.

ἀντ.   ἰὼ τάλας

ΧΟ.

ὅσον λῆμ' ἔχων ἀφίκου, ξέν', εἰ τάδε δοκεῖς τελεῖν.

ΚΡ.

δοκῶ.

ΧΟ.

   τάνδ' ἄρ' οὐκέτι νεμῶ πόλιν.

ΚΡ.

880 τοῖς τοι δικαίοις χὠ βραχὺς νικᾷ μέγαν.

οιδιπυσ επι κολωνωι   181

ΟΙ.

ἀκούεθ' οἷα φθέγγεται;

ΧΟ.

         τά γ' οὐ τελεῖ.

‿ ‒́ ‿ ‒

ΚΡ.

      Ζεὺς ταῦτ' ἂν εἰδείη, σὺ δ' οὔ.

ΧΟ.

ἆρ' οὐχ ὕβρις τάδ';

ΚΡ.

       ὕβρις, ἀλλ' ἀνεκτέα.

ΧΟ.

ἰὼ πᾶς λεώς, ἰὼ γᾶς πρόμοι,
885   μόλετε σὺν τάχει, μόλετ'· ἐπεὶ πέραν περῶσ' οἵδε δή.

ΘΗ.

τίς ποθ' ἡ βοή; τί τοὔργον; ἐκ τίνος φόβου ποτὲ
βουθυτοῦντά μ' ἀμφὶ βωμὸν ἔσχετ' ἐναλίῳ θεῷ
τοῦδ' ἐπιστάτῃ Κολωνοῦ; λέξαθ', ὡς εἰδῶ τὸ πᾶν
890   οὗ χάριν δεῦρ' ᾖξα θᾶσσον ἢ καθ' ἡδονὴν ποδός.

ΟΙ.

ὦ φίλτατ', ἔγνων γὰρ τὸ προσφώνημά σου,
πέπονθα δεινὰ τοῦδ' ὑπ' ἀνδρὸς ἀρτίως.

ΘΗ.

τὰ ποῖα ταῦτα, τίς δ' ὁ πημήνας; λέγε.

ΟΙ.

895 Κρέων ὅδ᾽, ὃν δέδορκας, οἴχεται τέκνων
ἀποσπάσας μου τὴν μόνην ξυνωρίδα.

ΘΗ.

πῶς εἶπας;

ΟΙ.

οἷά περ πέπονθ᾽ ἀκήκοας.

ΘΗ.

οὔκουν τις ὡς τάχιστα προσπόλων μολὼν
πρὸς τούσδε βωμοὺς πάντ᾽ ἀναγκάσει λεὼν
ἄνιππον ἱππότην τε θυμάτων ἄπο
900 σπεύδειν ἀπὸ ῥυτῆρος, ἔνθα δίστομοι
μάλιστα συμβάλλουσιν ἐμπόρων ὁδοί,
ὡς μὴ παρέλθωσ᾽ αἱ κόραι, γέλως δ᾽ ἐγὼ
ξένῳ γένωμαι τῷδε, χειρωθεὶς βίᾳ;
ἴθ᾽, ὡς ἄνωγα, σὺν τάχει. τοῦτον δ᾽ ἐγὼ,
905 εἰ μὲν δι᾽ ὀργῆς ἧκον, ἧς ὅδ᾽ ἄξιος,
ἄτρωτον οὐ μεθῆκ᾽ ἂν ἐξ ἐμῆς χερός·
νῦν δ᾽ οὕσπερ αὐτὸς τοὺς νόμους εἰσῆλθ᾽ ἔχων,
τούτοισι κοὐκ ἄλλοισιν ἁρμοσθήσεται.
οὐ γάρ ποτ᾽ ἔξει τῆσδε τῆς χώρας, πρὶν ἂν
910 κείνας ἐναργεῖς δεῦρό μοι στήσῃς ἄγων·
ἐπεὶ δέδρακας οὔτ᾽ ἐμοῦ καταξίως
οὔθ᾽ ὧν πέφυκας αὐτὸς οὔτε σῆς χθονός,
ὅστις δίκαι᾽ ἀσκοῦσαν εἰσελθὼν πόλιν
κἄνευ νόμου κραίνουσαν οὐδέν, εἶτ᾽ ἀφεὶς
915 τὰ τῆσδε τῆς γῆς κύρι᾽ ὧδ᾽ ἐπεσπεσὼν
ἄγεις θ᾽ ἃ χρῄζεις καὶ παρίστασαι βίᾳ,
καί μοι πόλιν κένανδρον ἢ δούλην τινὰ

οιδιπυσ επι κολωνωι

183

ἔδοξας εἶναι, κἄμ' ἴσον τῷ μηδενί.

καίτοι σε Θῆβαί γ' οὐκ ἐπαίδευσαν κακόν·
920   οὐ γὰρ φιλοῦσιν ἄνδρας ἐκδίκους τρέφειν,
οὐδ' ἄν σ' ἐπαινέσειαν, εἰ πυθοίατο
συλῶντα τἀμὰ καὶ τὰ τῶν θεῶν, βίᾳ
ἄγοντα φωτῶν ἀθλίων ἱκτήρια.
οὔκουν ἔγωγ' ἂν σῆς ἐπεμβαίνων χθονὸς,
925   οὐδ' εἰ τὰ πάντων εἶχον ἐνδικώτατα,
ἄνευ γε τοῦ κραίνοντος, ὅστις ἦν, χθονὸς
οὔθ' εἷλκον οὔτ' ἂν ἦγον, ἀλλ' ἠπιστάμην
ξένον παρ' ἀστοῖς ὡς διαιτᾶσθαι χρεών.
σὺ δ' ἀξίαν οὐκ οὖσαν αἰσχύνεις πόλιν
930   τὴν αὐτὸς αὐτοῦ, καί σ' ὁ πληθύων χρόνος
γέρονθ' ὁμοῦ τίθησι καὶ τοῦ νοῦ κενόν.

εἶπον μὲν οὖν καὶ πρόσθεν, ἐννέπω δὲ νῦν,
τὰς παῖδας ὡς τάχιστα δεῦρ' ἄγειν τινά,
εἰ μὴ μέτοικος τῆσδε τῆς χώρας θέλεις
935   εἶναι βίᾳ τε κοὐχ ἑκών· καὶ ταῦτά σοι
τῷ νῷ θ' ὁμοίως κἀπὸ τῆς γλώσσης λέγω.

ΧΟ.

ὁρᾷς ἵν' ἥκεις, ὦ ξέν'; ὡς ἀφ' ὧν μὲν εἶ
φαίνει δίκαιος, δρῶν δ' ἐφευρίσκει κακά.

ΚΡ.

ἐγὼ οὔτ' ἄνανδρον τήνδε τὴν πόλιν νέμων,
940   ὦ τέκνον Αἰγέως, οὔτ' ἄβουλον, ὡς σὺ φής,
τοὔργον τόδ' ἐξέπραξα, γιγνώσκων δ' ὅτι
οὐδείς ποτ' αὐτοὺς τῶν ἐμῶν ἂν ἐμπέσοι
ζῆλος ξυναίμων, ὥστ' ἐμοῦ τρέφειν βίᾳ.
ἤδη δ' ὁθούνεκ' ἄνδρα καὶ πατροκτόνον
945   κἄναγνον οὐ δεξοίατ', οὐδ' ὅτῳ γάμοι
ξυνόντες ηὑρέθησαν ἀνόσιοι τέκνων.

184

toioῦτον αὐτοῖς Ἄρεος εὔβουλον πάγον
ἐγὼ ξυνῄδη χθόνιον ὄνθ’, ὃς οὐκ ἐᾷ
τοιούσδ’ ἀλήτας τῇδ’ ὁμοῦ ναίειν πόλει,
950 ᾧ πίστιν ἴσχων τήνδ’ ἐχειρούμην ἄγραν.
καὶ ταῦτ’ ἂν οὐκ ἔπρασσον, εἰ μή μοι πικρὰς
αὐτῷ τ’ ἀρὰς ἤρᾶτο καὶ τὠμῷ γένει·
ἀνθ’ ὧν πεπονθὼς ἠξίουν τάδ’ ἀντιδρᾶν.
θυμοῦ γὰρ οὐδὲν γῆράς ἐστιν ἄλλο πλὴν
955 θανεῖν· θανόντων δ’ οὐδὲν ἄλγος ἅπτεται.
πρὸς ταῦτα πράξεις οἷον ἂν θέλῃς· ἐπεὶ
ἐρημία με, κεἰ δίκαι’ ὅμως λέγω,
σμικρὸν τίθησι· πρὸς δὲ τὰς πράξεις ὅμως,
καὶ τηλικόσδ’ ὤν, ἀντιδρᾶν πειράσομαι.

ΟΙ.

960 ὦ λῆμ’ ἀναιδές, τοῦ καθυβρίζειν δοκεῖς,
πότερον ἐμοῦ γέροντος, ἢ σαυτοῦ, τόδε;
ὅστις φόνους μοι καὶ γάμους καὶ ξυμφορὰς
τοῦ σοῦ διῆκας στόματος, ἃς ἐγὼ τάλας
ἤνεγκον ἄκων· θεοῖς γὰρ ἦν οὕτω φίλον,
965 τάχ’ ἄν τι μηνίουσιν ἐς γένος πάλαι.
ἐπεὶ καθ’ αὐτόν γ’ οὐκ ἂν ἐξεύροις ἐμοὶ
ἁμαρτίας ὄνειδος οὐδὲν ἀνθ’ ὅτου
τάδ’ εἰς ἐμαυτὸν τοὺς ἐμούς θ’ ἡμάρτανον.
ἐπεὶ δίδαξον, εἴ τι θέσφατον πατρὶ
970 χρησμοῖσιν ἱκνεῖθ’ ὥστε πρὸς παίδων θανεῖν,
πῶς ἂν δικαίως τοῦτ’ ὀνειδίζοις ἐμοί,
ὃς οὔτε βλάστας πω γενεθλίους πατρός,
οὐ μητρὸς εἶχον, ἀλλ’ ἀγέννητος τότ’ ἦ;
εἰ δ’ αὖ φανεὶς δύστηνος, ὡς ἐγὼ ’φάνην,
975 ἐς χεῖρας ἦλθον πατρὶ καὶ κατέκτανον,
μηδὲν ξυνιεὶς ὧν ἔδρων εἰς οὕς τ’ ἔδρων,
πῶς ἂν τό γ’ ἄκον πρᾶγμ’ ἂν εἰκότως ψέγοις;

οιδιπυσ επι κολωνωι 185

μητρὸς δὲ, τλῆμον, οὐκ ἐκαισχύνει γάμους
οὔσης ὁμαίμου σῆς μ᾽ ἀναγκάζων λέγειν
980 οἵους ἐρῶ τάχ᾽· οὐ γὰρ οὖν σιγήσομαι,
σοῦ γ᾽ ἐς τόδ᾽ ἐξελθόντος ἀνόσιον στόμα.
ἔτικτε γάρ μ᾽ ἔτικτεν, ὤμοι μοι κακῶν,
οὐκ εἰδότ᾽ οὐκ εἰδυῖα, καὶ τεκοῦσά με
αὐτῆς ὄνειδος παῖδας ἐξέφυσέ μοι.
985 ἀλλ᾽ ἓν γὰρ οὖν ἔξοιδα, σὲ μὲν ἑκόντ᾽ ἐμὲ
κείνην τε ταῦτα δυσστομεῖν· ἐγὼ δέ νιν
ἄκων τ᾽ ἔγημα, φθέγγομαί τ᾽ ἄκων τάδε.
ἀλλ᾽ οὐ γὰρ οὔτ᾽ ἐν τοῖσδ᾽ ἀκούσομαι κακὸς
γάμοισιν οὔθ᾽ οὓς αἰὲν ἐμφορεῖς σύ μοι
990 φόνους πατρῴους ἐξονειδίζων πικρῶς.
ἓν γάρ μ᾽ ἄμειψαι μοῦνον ὧν σ᾽ ἀνιστορῶ.
εἴ τίς σε τὸν δίκαιον αὐτίκ᾽ ἐνθάδε
κτείνοι παραστάς, πότερα πυνθάνοι᾽ ἂν εἰ
πατήρ σ᾽ ὁ καίνων, ἢ τίνοι᾽ ἂν εὐθέως;
995 δοκῶ μὲν, εἴπερ ζῆν φιλεῖς, τὸν αἴτιον
τίνοι᾽ ἄν, οὐδὲ τοὔνδικον περιβλέποις.
τοιαῦτα μέντοι καὐτὸς εἰσέβην κακά,
θεῶν ἀγόντων· οἷς ἐγὼ οὐδὲ τὴν πατρὸς
ψυχὴν ἂν οἶμαι ζῶσαν ἀντειπεῖν ἐμοί.
1000 σὺ δ᾽, εἰ γὰρ οὐ δίκαιος, ἀλλ᾽ ἅπαν καλὸν
λέγειν νομίζων, ῥητὸν ἄρρητόν τ᾽ ἔπος,
τοιαῦτ᾽ ὀνειδίζεις με τῶνδ᾽ ἐναντίον.
καί σοι τὸ Θησέως ὄνομα θωπεῦσαι καλὸν,
καὶ τὰς Ἀθήνας, ὡς κατῴκηνται καλῶς·
1005 κᾆθ᾽ ὧδ᾽ ἐπαινῶν πολλὰ τοῦδ᾽ ἐκλανθάνει,
ὁθούνεκ᾽ εἴ τις γῆ θεοὺς ἐπίσταται
τιμαῖς σεβίζειν, ἥδε τοῦθ᾽ ὑπερφέρει,
ἀφ᾽ ἧς σὺ κλέψας τὸν ἱκέτην γέροντ᾽ ἐμὲ
αὐτόν τ᾽ ἐχειροῦ τὰς κόρας τ᾽ οἴχει λαβών.
1010 ἀνθ᾽ ὧν ἐγὼ νῦν τάσδε τὰς θεὰς ἐμοὶ

καλῶν ἱκνοῦμαι καὶ κατασκήπτω λιταῖς
ἐλθεῖν ἀρωγοὺς ξυμμάχους θ᾽, ἵν᾽ ἐκμάθῃς
οἵων ὑπ᾽ ἀνδρῶν ἥδε φρουρεῖται πόλις.

ΧΟ.

ὁ ξεῖνος, ὦναξ, χρηστός· αἱ δὲ συμφοραὶ
1015   αὐτοῦ πανώλεις, ἄξιαι δ᾽ ἀμυναθεῖν.

ΘΗ.

ἅλις λόγων· ὡς οἱ μὲν ἐξηρπασμένοι
σπεύδουσιν, ἡμεῖς δ᾽ οἱ παθόντες ἕσταμεν.

ΚΡ.

τί δῆτ᾽ ἀμαυρῷ φωτὶ προστάσσεις ποιεῖν;

ΘΗ.

ὁδοῦ κατάρχειν τῆς ἐκεῖ, πομπὸν δ᾽ ἐμὲ
1020   χωρεῖν, ἵν᾽, εἰ μὲν ἐν τόποισι τοῖσδ᾽ ἔχεις
τὰς παῖδας ἡμῶν, αὐτὸς ἐκδείξῃς ἐμοί·
εἰ δ᾽ ἐγκρατεῖς φεύγουσιν, οὐδὲν δεῖ πονεῖν·
ἄλλοι γὰρ οἱ σπεύδοντες, οὓς οὐ μή ποτε
χώρας φυγόντες τῆσδ᾽ ἐπεύξωνται θεοῖς.
1025   ἀλλ᾽ ἐξυφηγοῦ· γνῶθι δ᾽ ὡς ἔχων ἔχει
καί σ᾽ εἷλε θηρῶνθ᾽ ἡ τύχη· τὰ γὰρ δόλῳ
τῷ μὴ δικαίῳ κτήματ᾽ οὐχὶ σῴζεται.
κοὐκ ἄλλον ἕξεις ἐς τόδ᾽· ὡς ἔξοιδά σε
οὐ ψιλὸν οὐδ᾽ ἄσκευον ἐς τοσήνδ᾽ ὕβριν
1030   ἥκοντα τόλμης τῆς παρεστώσης τανῦν,
ἀλλ᾽ ἔσθ᾽ ὅτῳ σὺ πιστὸς ὢν ἔδρας τάδε.
ἃ δεῖ μ᾽ ἀθρῆσαι, μηδὲ τήνδε τὴν πόλιν
ἑνὸς ποιῆσαι φωτὸς ἀσθενεστέραν.
νοεῖς τι τούτων, ἢ μάτην τὰ νῦν τέ σοι
1035   δοκεῖ λελέχθαι χὥτε ταῦτ᾽ ἐμηχανῶ;

οιδιπυσ επι κολωνωι 187

ΚΡ.

οὐδὲν σὺ μεμπτὸν ἐνθάδ' ὢν ἐρεῖς ἐμοί·
οἴκοι δὲ χἠμεῖς εἰσόμεσθ' ἃ χρὴ ποιεῖν.

ΘΗ.

χωρῶν ἀπείλει νῦν· σὺ δ' ἡμῖν, Οἰδίπους,
ἔκηλος αὐτοῦ μίμνε, πιστωθεὶς ὅτι,
1040 ἢν μὴ θάνω 'γὼ πρόσθεν, οὐχὶ παύσομαι
πρὶν ἄν σε τῶν σῶν κύριον στήσω τέκνων.

ΟΙ.

ὄναιο, Θησεῦ, τοῦ τε γενναίου χάριν
καὶ τῆς πρὸς ἡμᾶς ἐνδίκου προμηθίας.

ΧΟ.

στρ. α′   εἴην ὅθι δαΐων
1045   ἀνδρῶν τάχ' ἐπιστροφαὶ
τὸν χαλκοβόαν Ἄρη
μίξουσιν, ἢ πρὸς Πυθίαις,
ἢ λαμπάσιν ἀκταῖς,
1050   οὗ πότνιαι σεμνὰ τιθηνοῦνται τέλη
θνατοῖσιν, ὧν καὶ χρυσέα
κλῂς ἐπὶ γλώσσᾳ βέβακε προσπόλων Εὐμολπιδᾶν.
ἔνθ' οἶμαι τὸν ἐγρεμάχαν
1055   Θησέα καὶ τὰς διστόλους
ἀδμῆτας ἀδελφὰς
αὐτάρκει τάχ' ἐμμείξειν βοᾷ
τούσδ' ἀνὰ χώρους.

ἀντ. α′   ἦ που τὸν ἐφέσπερον
1060   πέτρας νιφάδος πελῶσ'

Οἰάτιδος ἐκ νομοῦ,
πώλοισιν ἢ ῥιμφαρμάτοις
φεύγοντες ἁμίλλαις.
1065 ἁλώσεται· δεινὸς ὁ προσχώρων Ἄρης,
δεινὰ δὲ Θησειδᾶν ἀκμά.
πᾶς γὰρ ἀστράπτει χαλινός, πᾶσα δ᾽ ὁρμᾶται κατὰ
ἀμπυκτήρι᾽ <ἀντιπάλων>
1070 ἄμβασις, οἳ τὰν ἱππίαν
τιμῶσιν Ἀθάναν
καὶ τὸν πόντιον γαιάοχον
Ῥέας φίλον υἱόν.

στρ. β' ἔρδουσ᾽, ἢ μέλλουσιν; ὡς
1075 προμνᾶταί τί μοι
γνώμα τάχ᾽ ἐνδώσειν
τὰν δεινὰ τλασᾶν, δεινὰ δ᾽ εὑρουσᾶν πρὸς
αὐθαίμων πάθη.
τελεῖ τελεῖ Ζεύς τι κατ᾽ ἆμαρ·
1080 μάντις εἴμ᾽ ἐσθλῶν ἀγώνων.
εἴθ᾽ ἀελλαία ταχύρρωστος πελειὰς
αἰθερίας νεφέλας κύρσαιμι τῶνδ᾽ ἀγώνων
1084 ἐωρήσασα τοὐμὸν ὄμμα.

ἀντ. β' ἰὼ θεῶν πάνταρχε παντ-
όπτα Ζεῦ, πόροις
γᾶς τᾶσδε δαμούχοις
σθένει ᾽πινικείῳ τὸν εὔαγρον τελειῶσαι λόχον,
1090 σεμνά τε παῖς Παλλὰς Ἀθάνα.
καὶ τὸν ἀγρευτὰν Ἀπόλλω
καὶ κασιγνήταν πυκνοστίκτων ὀπαδὸν
ὠκυπόδων ἐλάφων στέργω διπλᾶς ἀρωγὰς
1095 μολεῖν γᾷ τᾷδε καὶ πολίταις.

οιδιπυσ επι κολωνωι 189

XO.

ὦ ξεῖν' ἀλῆτα, τῷ σκοπῷ μὲν οὐκ ἐρεῖς
ὡς ψευδόμαντις· τὰς κόρας γὰρ εἰσορῶ
τάσδ' ἆσσον αὖθις ὧδε προσπολουμένας.

ΟΙ.

ποῦ ποῦ; τί φῇς; πῶς εἶπας;

ΑΝ.

ὦ πάτερ πάτερ,

1100 τίς ἂν θεῶν σοι τόνδ' ἄριστον ἄνδρ' ἰδεῖν
δοίη, τὸν ἡμᾶς δεῦρο προσπέμψαντά σοι;

ΟΙ.

ὦ τέκνον, ἦ πάρεστον;

ΑΝ.

αἵδε γὰρ χέρες
Θησέως ἔσωσαν φιλτάτων τ' ὀπαόνων.

ΟΙ.

προσέλθετ', ὦ παῖ, πατρί, καὶ τὸ μηδαμὰ
1105 ἐλπισθὲν ἥξειν σῶμα βαστάσαι δότε.

ΑΝ.

αἰτεῖς ἃ τεύξει· σὺν πόθῳ γὰρ ἡ χάρις.

ΟΙ.

ποῦ δῆτα, ποῦ 'στον;

ΑΝ.

αἵδ' ὁμοῦ πελάζομεν.

ΟΙ.

ὦ φίλτατ' ἔρνη.

ΑΝ.

τῷ τεκόντι πᾶν φίλον.

ΟΙ.

ὦ σκῆπτρα φωτός.

ΑΝ.

δυσμόρου γε δύσμορα.

ΟΙ.

1110 ἔχω τὰ φίλτατ', οὐδ' ἔτ' ἂν πανάθλιος
θανὼν ἂν εἴην σφῷν παρεστώσαιν ἐμοί.
ἐρείσατ', ὦ παῖ, πλευρὸν ἀμφιδέξιον
ἐμφύντε τῷ φύσαντι, κἀναπαύσατον
τοῦ πρόσθ' ἐρήμου τοῦδε δυστήνου πλάνου.
1115 καί μοι τὰ πραχθέντ' εἴπαθ' ὡς βράχιστ' ἐπεὶ
ταῖς τηλικαῖσδε σμικρὸς ἐξαρκεῖ λόγος.

ΑΝ.

ὅδ' ἔσθ' ὁ σώσας· τοῦδε χρὴ κλύειν, πάτερ,
καὶ σοί τε τοὔργον τοὐμὸν ὧδ' ἔσται βραχύ.

ΟΙ.

ὦ ξεῖνε, μὴ θαύμαζε, πρὸς τὸ λιπαρὲς
1120 τέκν' εἰ φανέντ' ἄελπτα μηκύνω λόγον.
ἐπίσταμαι γὰρ τήνδε τὴν ἐς τάσδε μοι
τέρψιν παρ' ἄλλου μηδενὸς πεφασμένην.
σὺ γάρ νιν ἐξέσωσας, οὐκ ἄλλος βροτῶν.
καί σοι θεοὶ πόροιεν ὡς ἐγὼ θέλω,

οιδιπυσ επι κολωνωι 191

1125 αὐτῷ τε καὶ γῇ τῇδ'· ἐπεὶ τό γ' εὐσεβὲς
μόνοις παρ' ὑμῖν ηὗρον ἀνθρώπων ἐγὼ
καὶ τοὐπιεικὲς καὶ τὸ μὴ ψευδοστομεῖν.
εἰδὼς δ' ἀμύνω τοῖσδε τοῖς λόγοις τάδε.
ἔχω γὰρ ἅχω διὰ σὲ κοὐκ ἄλλον βροτῶν.
1130 καί μοι χέρ', ὦναξ, δεξιὰν ὄρεξον, ὡς
ψαύσω φιλήσω τ', εἰ θέμις, τὸ σὸν κάρα·
καίτοι τί φωνῶ; πῶς σ' ἂν ἄθλιος γεγὼς
θιγεῖν θελήσαιμ' ἀνδρός, ᾧ τίς οὐκ ἔνι
κηλὶς κακῶν ξύνοικος; οὐκ ἔγωγέ σε,
1135 οὐδ' οὖν ἐάσω. τοῖς γὰρ ἐμπείροις βροτῶν
μόνοις οἷόν τε συνταλαιπωρεῖν τάδε.
σὺ δ' αὐτόθεν μοι χαῖρε καὶ τὰ λοιπά μου
μέλου δικαίως, ὥσπερ ἐς τόδ' ἡμέρας.

ΘΗ.

οὔτ' εἴ τι μῆκος τῶν λόγων ἔθου πλέον,
1140 τέκνοισι τερφθεὶς τοῖσδε, θαυμάσας ἔχω,
οὔτ' εἰ πρὸ τοὐμοῦ προὔλαβες τὰ τῶνδ' ἔπη.
βάρος γὰρ ἡμᾶς οὐδὲν ἐκ τούτων ἔχει.
οὐ γὰρ λόγοισι τὸν βίον σπουδάζομεν
λαμπρὸν ποιεῖσθαι μᾶλλον ἢ τοῖς δρωμένοις.
1145 δείκνυμι δ'· ὧν γὰρ ὤμοσ' οὐκ ἐψευσάμην
οὐδέν σε, πρέσβυ. τάσδε γὰρ πάρειμ' ἄγων
ζώσας, ἀκραιφνεῖς τῶν κατηπειλημένων.
χὤπως μὲν ἀγὼν ᾑρέθη τί δεῖ μάτην
κομπεῖν, ἅ γ' εἴσει καὐτὸς ἐκ τούτοιν ξυνών;
1150 λόγος δ' ὃς ἐμπέπτωκεν ἀρτίως ἐμοὶ
στείχοντι δεῦρο, συμβαλοῦ γνώμην, ἐπεὶ
σμικρὸς μὲν εἰπεῖν, ἄξιος δὲ θαυμάσαι.
πρᾶγος δ' ἀτίζειν οὐδὲν ἄνθρωπον χρεών.

ΟΙ.

τί δ' ἔστι, τέκνον Αἰγέως; δίδασκέ με.
1155 ὡς μὴ εἰδότ' αὐτὸν μηδὲν ὧν σὺ πυνθάνει.

ΘΗ.

φασίν τιν' ἡμῖν ἄνδρα, σοὶ μὲν ἔμπολιν
οὐκ ὄντα, συγγενῆ δέ, προσπεσόντα πως
βωμῷ καθῆσθαι τῷ Ποσειδῶνος, παρ' ᾧ
θύων ἔκυρον, ἡνίχ' ὡρμώμην ἐγώ.

ΟΙ.

1160 ποδαπόν; τί προσχρῄζοντα τῷ θακήματι;

ΘΗ.

οὐκ οἶδα πλὴν ἕν· σοῦ γάρ, ὡς λέγουσί μοι,
βραχύν τιν' αἰτεῖ μῦθον οὐκ ὄγκου πλέων.

ΟΙ.

ποῖόν τιν'; οὐ γὰρ ἥδ' ἕδρα σμικροῦ λόγου.

ΘΗ.

σοὶ φασὶν αὐτὸν ἐς λόγους ἐλθεῖν μόνον
1165 αἰτεῖν ἀπελθεῖν τ' ἀσφαλῶς τῆς δεῦρ' ὁδοῦ.

ΟΙ.

τίς δῆτ' ἂν εἴη τήνδ' ὁ προσθακῶν ἕδραν;

ΘΗ.

ὅρα κατ' Ἄργος εἴ τις ὑμῖν ἐγγενὴς
ἔσθ', ὅστις ἄν σου τοῦτο προσχρῄζοι τυχεῖν.

οιδιπυσ επι κολωνωι   193

ΟΙ.

ὦ φίλτατε, σχὲς οὗπερ εἶ.

ΘΗ.

τί δ' ἔστι σοι;

ΟΙ.

μή μου δεηθῇς,

ΘΗ.

1170   πράγματος ποίου; λέγε.

ΟΙ.

ἔξοιδ' ἀκούων τῶνδ' ὅς ἐσθ' ὁ προστάτης.

ΘΗ.

καὶ τίς ποτ' ἐστὶν, ὅν γ' ἐγὼ ψέξαιμί τι;

ΟΙ.

παῖς οὑμός, ὦναξ, στυγνός, οὗ λόγων ἐγὼ
ἄλγιστ' ἂν ἀνδρῶν ἐξανασχοίμην κλύων.

ΘΗ.

1175   τί δ'; οὐκ ἀκούειν ἔστι, καὶ μὴ δρᾶν ἃ μὴ
χρῄζεις; τί σοι τοῦτ' ἐστὶ λυπηρὸν κλύειν;

ΟΙ.

ἔχθιστον, ὦναξ, φθέγμα τοῦθ' ἥκει πατρί·
καὶ μή μ' ἀνάγκῃ προσβάλῃς τάδ' εἰκαθεῖν.

ΘΗ.

1180 ἀλλ᾽ εἰ τὸ θάκημ᾽ ἐξαναγκάζει, σκόπει
μή σοι πρόνοι᾽ ᾖ τοῦ θεοῦ φυλακτέα.

ΑΝ.

πάτερ, πιθοῦ μοι, κεἰ νέα παραινέσω.
τὸν ἄνδρ᾽ ἔασον τόνδε τῇ θ᾽ αὑτοῦ φρενὶ
χάριν παρασχεῖν τῷ θεῷ θ᾽ ἃ βούλεται,
καὶ νῷν ὕπεικε τὸν κασίγνητον μολεῖν.
1185 οὐ γάρ σε, θάρσει, πρὸς βίαν παρασπάσει
γνώμης, ἃ μή σοι ξυμφέροντα λέξεται.
λόγων δ᾽ ἀκοῦσαι τίς βλάβη; τά τοι καλῶς
εὑρημέν᾽ ἔργα τῷ λόγῳ μηνύεται.
ἔφυσας αὐτόν· ὥστε μηδὲ δρῶντά σε
1190 τὰ τῶν κακίστων δυσσεβέστατ᾽, ὦ πάτερ,
θέμις σέ γ᾽ εἶναι κεῖνον ἀντιδρᾶν κακῶς.
ἀλλ᾽ ἔασον. εἰσὶ χἀτέροις γοναὶ κακαὶ
καὶ θυμὸς ὀξύς, ἀλλὰ νουθετούμενοι
φίλων ἐπῳδαῖς ἐξεπᾴδονται φύσιν.
1195 σὺ δ᾽ εἰς ἐκεῖνα, μὴ τὰ νῦν, ἀποσκόπει
πατρῷα καὶ μητρῷα πήμαθ᾽ ἅπαθες·
κἂν κεῖνα λεύσσῃς, οἶδ᾽ ἐγώ, γνώσει κακοῦ
θυμοῦ τελευτὴν ὡς κακὴ προσγίγνεται.
ἔχεις γὰρ οὐχὶ βαιὰ τἀνθυμήματα,
1200 τῶν σῶν ἀδέρκτων ὀμμάτων τητώμενος.
ἀλλ᾽ ἡμὶν εἶκε. λιπαρεῖν γὰρ οὐ καλὸν
δίκαια προσχρῄζουσιν, οὐδ᾽ αὐτὸν μὲν εὖ
πάσχειν, παθόντα δ᾽ οὐκ ἐπίστασθαι τίνειν.

ΟΙ.

τέκνον, βαρεῖαν ἡδονὴν νικᾶτέ με
1205 λέγοντες· ἔστω δ᾽ οὖν ὅπως ὑμῖν φίλον.

οιδιπυσ επι κολωνωι

μόνον, ξέν', εἴπερ κεῖνος ὧδ' ἐλεύσεται,
μηδεὶς κρατείτω τῆς ἐμῆς ψυχῆς ποτέ.

ΘΗ.

ἅπαξ τὰ τοιαῦτ', οὐχὶ δὶς χρῄζω κλύειν,
ὦ πρέσβυ· κομπεῖν δ' οὐχὶ βούλομαι· σὺ δ' ὢν
1210   σῶς ἴσθ', ἐάν περ κἀμέ τις σῴζῃ θεῶν.

ΧΟ.

στρ.   ὅστις τοῦ πλέονος μέρους χρῄζει τοῦ μετρίου
                                    παρεὶς
        ζώειν, σκαιοσύναν φυλάσσων
        ἐν ἐμοὶ κατάδηλος ἔσται.
1215   ἐπεὶ πολλὰ μὲν αἱ μακραὶ ἀμέραι κατέθεντο δὴ
        λύπας ἐγγυτέρω, τὰ τέρποντα δ' οὐκ ἂν ἴδοις ὅπου,
        ὅταν τις ἐς πλέον πέσῃ
1220   τοῦ δέοντος· ὁ δ' ἐπίκουρος ἰσοτέλεστος,
        Ἄϊδος ὅτε Μοῖρ' ἀνυμέναιος
        ἄλυρος ἄχορος ἀναπέφηνε,
1225   θάνατος ἐς τελευτάν.

ἀντ.   Μὴ φῦναι ἅπαντα νικᾷ λόγον· τὸ δ', ἐπεὶ φανῇ,
        βῆναι κεῖσ' ὁπόθεν περ ἥκει
        πολὺ δεύτερον ὡς τάχιστα.
1230   ὡς εὖτ' ἂν τὸ νέον παρῇ κούφας ἀφροσύνας φέρον,
        τίς πλαγὰ πολύμοχθος ἔξω; τίς οὐ καμάτων ἔνι;
        φθόνος, στάσεις, ἔρις, μάχαι
1235   καὶ φόνοι· τό τε κατάμεμπτον ἐπιλέλογχε
        πύματον ἀκρατὲς ἀπροσόμιλον
        γῆρας ἄφιλον, ἵνα πρόπαντα
        κακὰ κακῶν ξυνοικεῖ.

ἐπ.

1240

Ἐν ᾧ τλάμων ὅδ᾽, οὐκ ἐγὼ μόνος,
πάντοθεν βόρειος ὥς τις
ἀκτὰ κυματοπλὴξ χειμερίᾳ κλονεῖται,
ὡς καὶ τόνδε κατ᾽ ἄκρας
δειναὶ κυματοαγεῖς
ἆται κλονέουσιν ἀεὶ ξυνοῦσαι,

1245

αἱ μὲν ἀπ᾽ ἀελίου δυσμᾶν,
αἱ δ᾽ ἀνατέλλοντος,
αἱ δ᾽ ἀνὰ μέσσαν ἀκτῖν᾽,
αἱ δ᾽ ἐννυχιᾶν ἀπὸ Ῥιπᾶν.

ΑΝ.

1250

καὶ μὴν ὅδ᾽ ἡμῖν, ὡς ἔοικεν, ὁ ξένος
ἀνδρῶν γε μοῦνος, ὦ πάτερ, δι᾽ ὄμματος
ἀστακτὶ λείβων δάκρυον ὧδ᾽ ὁδοιπορεῖ.

ΟΙ.

τίς οὗτος;

ΑΝ.

ὅνπερ καὶ πάλαι κατείχομεν
γνώμῃ, πάρεστι δεῦρο Πολυνείκης ὅδε.

ΙΟΛΥΝΕΙΚΗΣ

οἴμοι, τί δράσω; πότερα τἀμαυτοῦ κακὰ

1255

πρόσθεν δακρύσω, παῖδες, ἢ τὰ τοῦδ᾽ ὁρῶν
πατρὸς γέροντος; ὅν ξένης ἐπὶ χθονὸς
ξὺν σφῷν ἐφεύρηκ᾽ ἐνθάδ᾽ ἐκβεβλημένον
ἐσθῆτι σὺν τοιᾷδε, τῆς ὁ δυσφιλὴς
γέρων γέροντι συγκατῴκηκεν πίνος

1260

πλευρὰν μαραίνων, κρατὶ δ᾽ ὀμματοστερεῖ
κόμη δι᾽ αὔρας ἀκτένιστος ᾄσσεται·
ἀδελφὰ δ᾽, ὡς ἔοικε, τούτοισιν φορεῖ

οιδιπυσ επι κολωνωι 197

τὰ τῆς ταλαίνης νηδύος θρεπτήρια.
ἀγὼ πανώλης ὄψ' ἄγαν ἐκμανθάνω·
1265 καὶ μαρτυρῶ κάκιστος ἀνθρώπων τροφαῖς
ταῖς σαῖσιν ἥκειν· τἀμὰ μὴ 'ξ ἄλλων πύθῃ.
ἀλλ' ἔστι γὰρ καὶ Ζηνὶ σύνθακος θρόνων
Αἰδὼς ἐπ' ἔργοις πᾶσι, καὶ πρὸς σοί, πάτερ,
παρασταθήτω· τῶν γὰρ ἡμαρτημένων
1270 ἄκη μέν ἐστι, προσφορὰ δ' οὐκ ἔστ' ἔτι.
τί σιγᾷς;
φώνησον, ὦ πάτερ, τι· μή μ' ἀποστραφῇς,
οὐδ' ἀνταμείβει μ' οὐδέν; ἀλλ' ἀτιμάσας
πέμψεις ἄναυδος, οὐδ' ἃ μηνίεις φράσας;
1275 ὦ σπέρματ' ἀνδρὸς τοῦδ', ἐμαὶ δ' ὁμαίμονες,
πειράσατ' ἀλλ' ὑμεῖς γε κινῆσαι πατρὸς
τὸ δυσπρόσοιστον κἀπροσήγορον στόμα,
ὡς μή μ' ἄτιμον, τοῦ θεοῦ γε προστάτην,
οὕτως ἀφῇ με μηδὲν ἀντειπὼν ἔπος.

.ΑΝ.

1280 λέγ', ὦ ταλαίπωρ', αὐτὸς ὢν χρείᾳ πάρει.
τὰ πολλὰ γάρ τοι ῥήματ' ἢ τέρψαντά τι,
ἢ δυσχεράναντ', ἢ κατοικτίσαντά πως,
παρέσχε φωνὴν τοῖς ἀφωνήτοις τινά.

ΠΟ.

ἀλλ' ἐξερῶ· καλῶς γὰρ ἐξηγεῖ σύ μοι·
1285 πρῶτον μὲν αὐτὸν τὸν θεὸν ποιούμενος
ἀρωγόν, ἔνθεν μ' ὧδ' ἀνέστησεν μολεῖν
ὁ τῆσδε τῆς γῆς κοίρανος, διδοὺς ἐμοὶ
λέξαι τ' ἀκοῦσαί τ' ἀσφαλεῖ ξὺν ἐξόδῳ.
καὶ ταῦτ' ἀφ' ὑμῶν, ὦ ξένοι, βουλήσομαι
1290 καὶ τοῖνδ' ἀδελφαῖν καὶ πατρὸς κυρεῖν ἐμοί.
ἃ δ' ἦλθον ἤδη σοι θέλω λέξαι, πάτερ.

γῆς ἐκ πατρῴας ἐξελήλαμαι φυγάς,
τοῖς σοῖς πανάρχοις οὕνεκ᾽ ἐνθακεῖν θρόνοις
γονῇ πεφυκὼς ἠξίουν γεραιτέρᾳ.

1295 ἀνθ᾽ ὧν μ᾽ Ἐτεοκλῆς, ὢν φύσει νεώτερος,
γῆς ἐξέωσεν, οὔτε νικήσας λόγῳ
οὔτ᾽ εἰς ἔλεγχον χειρὸς οὐδ᾽ ἔργου μολών,
πόλιν δὲ πείσας. ὧν ἐγὼ μάλιστα μὲν
τὴν σὴν Ἐρινὺν αἰτίαν εἶναι λέγω,

1300 ἔπειτα κἀπὸ μάντεων ταύτῃ κλύω.
ἐπεὶ γὰρ ἦλθον Ἄργος ἐς τὸ Δωρικόν,
λαβὼν Ἄδραστον πενθερὸν ξυνωμότας
ἔστησ᾽ ἐμαυτῷ γῆς ὅσοιπερ Ἀπίας
πρῶτοι καλοῦνται καὶ τετίμηνται δορί,

1305 ὅπως τὸν ἑπτάλογχον ἐς Θήβας στόλον
ξὺν τοῖσδ᾽ ἀγείρας ἢ θάνοιμι πανδίκως,
ἢ τοὺς τάδ᾽ ἐκπράξαντας ἐκβάλοιμι γῆς.
εἶεν· τί δῆτα νῦν ἀφιγμένος κυρῶ;
σοὶ προστροπαίους, ὦ πάτερ, λιτὰς ἔχων,

1310 αὐτός τ᾽ ἐμαυτοῦ ξυμμάχων τε τῶν ἐμῶν,
οἳ νῦν ξὺν ἑπτὰ τάξεσι ξὺν ἑπτά τε
λόγχαις τὸ Θήβης πεδίον ἀμφεστᾶσι πᾶν·
οἷος δορυσσοῦς Ἀμφιάρεως, τὰ πρῶτα μὲν
δόρει κρατύνων, πρῶτα δ᾽ οἰωνῶν ὁδοῖς·

1315 ὁ δεύτερος δ᾽ Αἰτωλὸς Οἰνέως τόκος
Τυδεύς· τρίτος δ᾽ Ἐτέοκλος, Ἀργεῖος γεγώς·
τέταρτον Ἱππομέδοντ᾽ ἀπέστειλεν πατὴρ
Ταλαός· ὁ πέμπτος δ᾽ εὔχεται κατασκαφῇ
Καπανεὺς τὸ Θήβης ἄστυ δῃώσειν πυρί·

1320 ἕκτος δὲ Παρθενοπαῖος Ἀρκὰς ὄρνυται,
ἐπώνυμος τῆς πρόσθεν ἀδμήτης χρόνῳ
μητρὸς λοχευθείς, πιστὸς Ἀταλάντης γόνος·
ἐγὼ δὲ σός, κεἰ μὴ σός, ἀλλὰ τοῦ κακοῦ
πότμου φυτευθείς, σός γέ τοι καλούμενος,

οιδιπυσ επι κολωνωι 199

1325 ἄγω τὸν "Αργους ἄφοβον ἐς Θήβας στρατόν.
οἵ σ' ἀντὶ παίδων τῶνδε καὶ ψυχῆς, πάτερ,
ἱκετεύομεν ξύμπαντες ἐξαιτούμενοι
μῆνιν βαρεῖαν εἰκαθεῖν ὁρμωμένῳ
τῷδ' ἀνδρὶ τοὐμοῦ πρὸς κασιγνήτου τίσιν,
1330 ὅς μ' ἐξέωσε κἀπεσύλησεν πάτρας.
εἰ γάρ τι πιστόν ἐστιν ἐκ χρηστηρίων,
οἷς ἂν σὺ προσθῇ, τοῖσδ' ἔφασκ' εἶναι κράτος.
πρός νύν σε κρηνῶν καὶ θεῶν ὁμογνίων
αἰτῶ πιθέσθαι καὶ παρεικαθεῖν, ἐπεὶ
1335 πτωχοὶ μὲν ἡμεῖς καὶ ξένοι, ξένος δὲ σύ·
ἄλλους δὲ θωπεύοντες οἰκοῦμεν σύ τε
κἀγώ, τὸν αὐτὸν δαίμον' ἐξειληχότες.
ὁ δ' ἐν δόμοις τύραννος, ὦ τάλας ἐγώ,
κοινῇ καθ' ἡμῶν ἐγγελῶν ἁβρύνεται·
1340 ὅν, εἰ σὺ τῇμῇ ξυμπαραστήσει φρενί,
βραχεῖ σὺν ὄγκῳ καὶ χρόνῳ διασκεδῶ.
ὥστ' ἐν δόμοισι τοῖσι σοῖς στήσω σ' ἄγων,
στήσω δ' ἐμαυτόν, κεῖνον ἐκβαλὼν βίᾳ.
καὶ ταῦτα σοῦ μὲν ξυνθέλοντος ἔστι μοι
1345 κομπεῖν, ἄνευ σοῦ δ' οὐδὲ σωθῆναι σθένω.

ΧΟ.

τὸν ἄνδρα, τοῦ πέμψαντος οὕνεκ', Οἰδίπους,
εἰπὼν ὁποῖα ξύμφορ' ἔκπεμψαι πάλιν.

ΟΙ.

ἀλλ' εἰ μὲν, ἄνδρες, τῆσδε δημοῦχοι χθονὸς,
μὴ 'τύγχαν' αὐτὸν δεῦρο προσπέμψας ἐμοὶ
1350 Θησεὺς, δικαιῶν ὥστ' ἐμοῦ κλύειν λόγους,
οὔ τάν ποτ' ὀμφῆς τῆς ἐμῆς ἐπῃσθετο·
νῦν δ' ἀξιωθεὶς εἶσι κἀκούσας γ' ἐμοῦ
τοιαῦθ' ἃ τὸν τοῦδ' οὔ ποτ' εὐφρανεῖ βίον·

ὅς γ᾽, ὦ κάκιστε, σκῆπτρα καὶ θρόνους ἔχων,
1355 ἃ νῦν ὁ σὸς ξύναιμος ἐν Θήβαις ἔχει,
τὸν αὐτὸς αὑτοῦ πατέρα τόνδ᾽ ἀπήλασας
κἄθηκας ἄπολιν καὶ στολὰς ταύτας φορεῖν,
ἃς νῦν δακρύεις εἰσορῶν, ὅτ᾽ ἐν πόνῳ
ταὐτῷ βεβηκὼς τυγχάνεις κακῶν ἐμοί.
1360 οὗ κλαυστὰ δ᾽ ἐστίν, ἀλλ᾽ ἐμοὶ μὲν οἰστέα
τάδ᾽, ἕωσπερ ἂν ζῶ σοῦ φονέως μεμνημένος·
σὺ γάρ με μόχθῳ τῷδ᾽ ἔθηκας ἔντροφον,
σύ μ᾽ ἐξέωσας· ἐκ σέθεν δ᾽ ἀλώμενος
ἄλλους ἐπαιτῶ τὸν καθ᾽ ἡμέραν βίον.
1365 εἰ δ᾽ ἐξέφυσα τάσδε μὴ ᾽μαυτῷ τροφοὺς
τὰς παῖδας, ἦ τἂν οὐκ ἂν ἦ, τὸ σὸν μέρος·
νῦν δ᾽ αἵδε μ᾽ ἐκσῴζουσιν, αἵδ᾽ ἐμαὶ τροφοί,
αἵδ᾽ ἄνδρες, οὐ γυναῖκες, ἐς τὸ συμπονεῖν·
ὑμεῖς δ᾽ ἀπ᾽ ἄλλου κοὐκ ἐμοῦ πεφύκατον.
1370 τοιγάρ σ᾽ ὁ δαίμων εἰσορᾷ μὲν οὔ τί πω
ὡς αὐτίκ᾽, εἴπερ οἵδε κινοῦνται λόχοι
πρὸς ἄστυ Θήβης. οὐ γὰρ ἔσθ᾽ ὅπως πόλιν
κείνην ἐρείψεις, ἀλλὰ πρόσθεν αἵματι
πεσεῖ μιανθεὶς χὠ ξύναιμος ἐξ ἴσου.
1375 τοιάσδ᾽ ἀρὰς σφῷν πρόσθε τ᾽ ἐξανῆκ᾽ ἐγὼ
νῦν τ᾽ ἀνακαλοῦμαι ξυμμάχους ἐλθεῖν ἐμοί,
ἵν᾽ ἀξιῶτον τοὺς φυτεύσαντας σέβειν,
καὶ μὴ ᾽ξατιμάζητον, εἰ τυφλοῦ πατρὸς
τοιώδ᾽ ἐφύτην. αἵδε γὰρ τάδ᾽ οὐκ ἔδρων.
1380 τοιγὰρ τὸ σὸν θάκημα καὶ τοὺς σοὺς θρόνους
κρατοῦσιν, εἴπερ ἐστὶν ἡ παλαίφατος
Δίκη ξύνεδρος Ζηνὸς ἀρχαίοις νόμοις.
σὺ δ᾽ ἔρρ᾽ ἀπόπτυστός τε κἀπάτωρ ἐμοῦ,
κακῶν κάκιστε, τάσδε συλλαβὼν ἀράς,
1385 ἅς σοι καλοῦμαι, μήτε γῆς ἐμφυλίου
δόρει κρατῆσαι μήτε νοστῆσαί ποτε

οιδιπυσ επι κολωνωι

τὸ κοῖλον "Αργος, ἀλλὰ συγγενεῖ χερὶ
θανεῖν κτανεῖν θ' ὑφ' οὗπερ ἐξελήλασαι.
τοιαῦτ' ἀρῶμαι, καὶ καλῶ τὸ Ταρτάρου
1390   στυγνὸν πατρῷον ἔρεβος, ὥς σ' ἀποικίσῃ,
καλῶ δὲ τάσδε δαίμονας, καλῶ δ' "Αρη
τὸν σφῷν τὸ δεινὸν μῖσος ἐμβεβληκότα.
καὶ ταῦτ' ἀκούσας στεῖχε, κἀξάγγελλ' ἰὼν
καὶ πᾶσι Καδμείοισι τοῖς σαυτοῦ θ' ἅμα
1395   πιστοῖσι συμμάχοισιν, οὕνεκ' Οἰδίπους
τοιαῦτ' ἔνειμε παισὶ τοῖς αὑτοῦ γέρα.

ΧΟ.

Πολύνεικες, οὔτε ταῖς παρελθούσαις ὁδοῖς
ξυνήδομαί σοι, νῦν τ' ἴθ' ὡς τάχος πάλιν.

ΠΟ.

οἴμοι κελεύθου τῆς τ' ἐμῆς δυσπραξίας,
1400   οἴμοι δ' ἑταίρων· οἷον ἆρ' ὁδοῦ τέλος
"Αργους ἀφωρμήθημεν, ὦ τάλας ἐγώ,
τοιοῦτον οἷον οὐδὲ φωνῆσαί τινι
ἔξεσθ' ἑταίρων, οὐδ' ἀποστρέψαι πάλιν,
ἀλλ' ὄντ' ἄναυδον τῇδε συγκῦρσαι τύχῃ.
1405   ὦ τοῦδ' ὅμαιμοι παῖδες, ἀλλ' ὑμεῖς, ἐπεὶ
τὰ σκληρὰ πατρὸς κλύετε τοῦδ' ἀρωμένου,
μή τοί με πρὸς θεῶν σφώ γ', ἐὰν αἱ τοῦδ' ἀραὶ
πατρὸς τελῶνται καί τις ὑμὶν ἐς δόμους
νόστος γένηται, μή μ' ἀτιμάσητέ γε,
1410   ἀλλ' ἐν τάφοισι θέσθε κἀν κτερίσμασιν.
καὶ σφῷν ὁ νῦν ἔπαινος, ὃν κομίζετον
τοῦδ' ἀνδρὸς οἷς πονεῖτον, οὐκ ἐλάσσονα
ἔτ' ἄλλον οἴσει τῆς ἐμῆς ὑπουργίας.

ΑΝ.

Πολύνεικες, ἱκετεύω σε πεισθῆναί τί μοι.

ΠΟ.

1415   ὦ φιλτάτη, τὸ ποῖον, Ἀντιγόνη; λέγε.

ΑΝ.

στρέψαι στράτευμ᾽ ἐς Ἄργος ὡς τάχιστά γε,
καὶ μὴ σέ τ᾽ αὐτὸν καὶ πόλιν διεργάσῃ.

ΠΟ.

ἀλλ᾽ οὐχ οἷόν τε. πῶς γὰρ αὖθις ἂν πάλιν
στράτευμ᾽ ἄγοιμι ταὐτὸν εἰσάπαξ τρέσας;

ΑΝ.

1420   τί δ᾽ αὖθις, ὦ παῖ, δεῖ σε θυμοῦσθαι; τί σοι
πάτραν κατασκάψαντι κέρδος ἔρχεται;

ΠΟ.

αἰσχρὸν τὸ φεύγειν καὶ τὸ πρεσβεύοντ᾽ ἐμὲ
οὕτω γελᾶσθαι τοῦ κασιγνήτου πάρα.

ΑΝ.

ὁρᾷς τὰ τοῦδ᾽ οὖν ὡς ἐς ὀρθὸν ἐκφέρεις
1425   μαντεύμαθ᾽, ὃς σφῷν θάνατον ἐξ ἀμφοῖν θροεῖ;

ΠΟ.

χρῄζει γάρ· ἡμῖν δ᾽ οὐχὶ συγχωρητέα.

ΑΝ.

οἴμοι τάλαινα· τίς δὲ τολμήσει κλύων
τὰ τοῦδ᾽ ἕπεσθαι τἀνδρός, οἷ᾽ ἐθέσπισεν;

οιδιπυσ επι κολωνωι 203

ΠΟ.

οὐδ᾽ ἀγγελοῦμεν φλαῦρ᾽· ἐπεὶ στρατηλάτου
1430 χρηστοῦ τὰ κρείσσω μηδὲ τἄνδεᾶ λέγειν.

ΑΝ.

οὕτως ἄρ᾽, ὦ παῖ, ταῦτά σοι δεδογμένα;

ΠΟ.

καὶ μή μ᾽ ἐπίσχῃς γ᾽· ἀλλ᾽ ἐμοὶ μὲν ἥδ᾽ ὁδὸς
ἔσται μέλουσα δύσποτμός τε καὶ κακὴ
πρὸς τοῦδε πατρὸς τῶν τε τοῦδ᾽ Ἐρινύων.
1435 σφὼ δ᾽ εὐοδοίη Ζεύς, τάδ᾽ εἰ τελεῖτέ μοι
θανόντ᾽, ἐπεὶ οὔ μοι ζῶντί γ᾽ αὖθις ἕξετον.
μέθεσθε δ᾽ ἤδη, χαίρετόν τ᾽. οὐ γάρ μ᾽ ἔτι
βλέποντ᾽ ἐσόψεσθ᾽ αὖθις.

ΑΝ.

ὦ τάλαιν᾽ ἐγώ.

ΠΟ.

μή τοί μ᾽ ὀδύρου.

ΑΝ.

καὶ τίς ἄν σ᾽ ὁρμώμενον
1440 ἐς πρόοπτον Ἅιδην οὐ καταστένοι, κάσι;

ΠΟ.

εἰ χρὴ, θανοῦμαι.

ΑΝ.

μὴ σύ γ᾽, ἀλλ᾽ ἐμοὶ πιθοῦ.

ΠΟ.

μὴ πεῖθ᾽ ἃ μὴ δεῖ.

ΑΝ.

δυστάλαινά τἄρ᾽ ἐγώ,
εἴ σου στερηθῶ.

ΠΟ.

ταῦτα δ᾽ ἐν τῷ δαίμονι
καὶ τῇδε φῦναι χἀτέρᾳ. σφῷν δ᾽ οὖν ἐγὼ
1445 θεοῖς ἀρῶμαι μή ποτ᾽ ἀντῆσαι κακῶν·
ἀνάξιαι γὰρ πᾶσίν ἐστε δυστυχεῖν.

ΧΟ.

στρ. α΄ νέα τάδε νεόθεν ἦλθέ μοι
νέα βαρύποτμα κακὰ παρ᾽ ἀλαοῦ ξένου,
1450 εἴ τι μοῖρα μὴ κιγχάνει.
μάταν γὰρ οὐδὲν ἀξίωμα δαιμόνων ἔχω φράσαι.
ὁρᾷ ὁρᾷ ταῦτ᾽ ἀεὶ χρόνος, ἐπεὶ μὲν ἕτερα,
1455 τάδε παρ᾽ ἦμαρ αὖθις αὔξων ἄνω,
ἔκτυπεν αἰθήρ, ὦ Ζεῦ.

ΟΙ.

ὦ τέκνα τέκνα, πῶς ἂν, εἴ τις ἔντοπος,
τὸν πάντ᾽ ἄριστον δεῦρο Θησέα πόροι;

ΑΝ.

πάτερ, τί δ᾽ ἐστὶ τἀξίωμ᾽ ἐφ᾽ ᾧ καλεῖς;

οιδιπυσ επι κολωνωι 205

ΟΙ.

1460 Διὸς πτερωτὸς ἥδε μ' αὐτίκ' ἄξεται
βροντὴ πρὸς Ἅιδην. ἀλλὰ πέμψαθ' ὡς τάχος.

ΧΟ.

ἀντ. α' "Ιδε μάλα μέγας ἐρείπεται
κτύπος ἄφατος ὅδε διόβολος· ἐς δ' ἄκραν
1465 δεῖμ' ὑπῆλθε κρατὸς φόβαν.
ἔπτηξα θυμόν· οὐρανία γὰρ ἀστραπὴ φλέγει πάλιν.
τί μὰν ἀφήσει τέλος; δέδια δ'· οὐ γὰρ ἅλιον
1470 ἀφορμᾷ ποτ' οὐδ' ἄνευ ξυμφορᾶς,
ὦ μέγας αἰθὴρ, ὦ Ζεῦ.

ΟΙ.

ὦ παῖδες, ἥκει τῷδ' ἐπ' ἀνδρὶ θέσφατος
βίου τελευτὴ, κοὐκέτ' ἔστ' ἀποστροφή.

ΧΟ.

πῶς οἶσθα; τῷ δὲ τοῦτο συμβαλὼν ἔχεις;

ΟΙ.

1475 καλῶς κάτοιδ'. ἀλλ' ὡς τάχιστά μοι μολὼν
ἄνακτα χώρας τῆσδέ τις πορευσάτω.

ΧΟ.

στρ. β' ἔα ἔα, ἰδοὺ μάλ' αὖθις ἀμφίσταται διαπρύσιος ὄτοβος.
1480 ἵλαος, ὦ δαίμων, ἵλαος, εἴ τι γᾷ
ματέρι τυγχάνεις ἀφεγγὲς φέρων.
ἐναισίου δὲ σοῦ τύχοιμι, μηδ' ἄλαστον ἄνδρ' ἰδὼν
ἀκερδῆ χάριν μετάσχοιμί πως·
1485 Ζεῦ ἄνα, σοὶ φωνῶ.

ΟΙ.

ἆρ᾽ ἐγγὺς ἀνήρ; ἆρ᾽ ἔτ᾽ ἐμψύχου, τέκνα,
κιχήσεταί μου καὶ κατορθοῦντος φρένα;

ΧΟ.

τί δ᾽ ἂν θέλοις τὸ πιστὸν ἐμφῦναι φρενί;

ΟΙ.

1490
ἀνθ᾽ ὧν ἔπασχον εὖ, τελεσφόρον χάριν
δοῦναί σφιν, ἥνπερ τυγχάνων ὑπεσχόμην.

ΧΟ.

ἀντ. β΄
ἰὼ ἰὼ παῖ, βᾶθι βᾶθ᾽, †εἴτ᾽ ἄκραν ἐπὶ† γύαλον
ἐναλίῳ
Ποσειδανίῳ θεῷ τυγχάνεις
1495
βούθυτον ἑστίαν ἁγίζων, ἱκοῦ.
ὁ γὰρ ξένος σε καὶ πόλισμα καὶ φίλους ἐπαξιοῖ
δικαίαν χάριν παρασχεῖν παθών. σπεῦσον ἄϊσσ᾽,
ὦναξ.

ΘΗ.

1500
τίς αὖ παρ᾽ ὑμῶν κοινὸς ἠχεῖται κτύπος,
σαφὴς μὲν ἀστῶν, ἐμφανὴς δὲ τοῦ ξένου;
μή τις Διὸς κεραυνός, ἤ τις ὀμβρία
χάλαζ᾽ ἐπιρράξασα; πάντα γὰρ θεοῦ
τοιαῦτα χειμάζοντος εἰκάσαι πάρα.

ΟΙ.

1505
ἄναξ, ποθοῦντι προὐφάνης, καί σοι θεῶν
τύχην τις ἐσθλὴν τῆσδ᾽ ἔθηκε τῆς ὁδοῦ.

οιδιπυσ επι κολωνωι 207

ΘΗ.

τί δ' ἐστίν, ὦ παῖ Λαΐου, νέορτον αὖ;

ΟΙ.

ῥοπὴ βίου μοι. καὶ σ' ἅπερ ξυνῄνεσα
θέλω πόλιν τε τήνδε μὴ ψεύσας θανεῖν.

ΘΗ.

1510   ἐν τῷ δὲ κεῖσαι τοῦ μόρου τεκμηρίῳ;

ΟΙ.

αὐτοὶ θεοὶ κήρυκες ἀγγέλλουσί μοι,
ψεύδοντες οὐδὲν σημάτων προκειμένων.

ΘΗ.

πῶς εἶπας, ὦ γεραιὲ, δηλοῦσθαι τάδε;

ΟΙ.

αἱ πολλὰ βρονταὶ διατελεῖς τὰ πολλά τε
1515   στράψαντα χειρὸς τῆς ἀνικήτου βέλη.

ΘΗ.

πείθεις με· πολλὰ γάρ σε θεσπίζονθ' ὁρῶ
κοὐ ψευδόφημα· χὠ τι χρὴ ποιεῖν λέγε.

ΟΙ.

ἐγὼ διδάξω, τέκνον Αἰγέως, ἅ σοι
γήρως ἄλυπα τῇδε κείσεται πόλει.
1520   χῶρον μὲν αὐτὸς αὐτίκ' ἐξηγήσομαι,
ἄθικτος ἡγητῆρος, οὗ με χρὴ θανεῖν.
τοῦτον δὲ φράζε μή ποτ' ἀνθρώπων τινὶ,
μήθ' οὗ κέκευθε μήτ' ἐν οἷς κεῖται τόποις·

ὥς σοι πρὸ πολλῶν ἀσπίδων ἀλκὴν ὅδε
1525 δορός τ' ἐπακτοῦ γειτόνων ἀεὶ τιθῇ.
ἃ δ' ἐξάγιστα μηδὲ κινεῖται λόγῳ
αὐτὸς μαθήσει, κεῖσ' ὅταν μόλῃς μόνος·
ὡς οὔτ' ἂν ἀστῶν τῶνδ' ἂν ἐξείποιμί τῳ
οὔτ' ἂν τέκνοισι τοῖς ἐμοῖς, στέργων ὅμως.
1530 ἀλλ' αὐτὸς ἀεὶ σῷζε, χὤταν ἐς τέλος
τοῦ ζῆν ἀφικνῇ, τῷ προφερτάτῳ μόνῳ
σήμαιν', ὁ δ' ἀεὶ τὠπιόντι δεικνύτω.
χοὕτως ἀδῇον τήνδ' ἐνοικήσεις πόλιν
σπαρτῶν ἀπ' ἀνδρῶν· αἱ δὲ μυρίαι πόλεις,
1535 κἂν εὖ τις οἰκῇ, ῥᾳδίως καθύβρισαν.
θεοὶ γὰρ εὖ μέν, ὀψὲ δ' εἰσορῶσ', ὅταν
τὰ θεῖ' ἀφείς τις ἐς τὸ μαίνεσθαι τραπῇ·
ὃ μὴ σύ, τέκνον Αἰγέως, βούλου παθεῖν.
τὰ μὲν τοιαῦτ' οὖν εἰδότ' ἐκδιδάσκομεν.
1540 χῶρον δ', ἐπείγει γάρ με τοὐκ θεοῦ παρόν,
στείχωμεν ἤδη, μηδ' ἔτ' ἐντρεπώμεθα.
ὦ παῖδες, ὧδ' ἔπεσθ'. ἐγὼ γὰρ ἡγεμὼν
σφῷν αὖ πέφασμαι καινός, ὥσπερ σφὼ πατρί.
χωρεῖτε, καὶ μὴ ψαύετ', ἀλλ' ἐᾶτέ με
1545 αὐτὸν τὸν ἱρὸν τύμβον ἐξευρεῖν, ἵνα
μοῖρ' ἀνδρὶ τῷδε τῇδε κρυφθῆναι χθονί.
τῇδ', ὧδε, τῇδε βᾶτε· τῇδε γάρ μ' ἄγει
Ἑρμῆς ὁ πομπὸς ἥ τε νερτέρα θεός.
ὦ φῶς ἀφεγγές, πρόσθε πού ποτ' ἦσθ' ἐμόν,
1550 νῦν δ' ἔσχατόν σου τοὐμὸν ἅπτεται δέμας.
ἤδη γὰρ ἕρπω τὸν τελευταῖον βίον
κρύψων παρ' Ἅιδην. ἀλλά, φίλτατε ξένων,
αὐτός τε χώρα θ' ἥδε πρόσπολοί τε σοὶ
εὐδαίμονες γένοισθε, κἀπ' εὐπραξίᾳ
1555 μέμνησθέ μου θανόντος εὐτυχεῖς ἀεί.

οιδιπυσ επι κολωνωι

ΧΟ.

εἰ θέμις ἐστί μοι τὰν ἀφανῆ θεὸν
καὶ σὲ λιταῖς σεβίζειν,
ἐννυχίων ἄναξ,
1560   Αἰδωνεῦ Αἰδωνεῦ, δός μοι μήτ᾽
ἐπίπονα μήτ᾽ ἐπὶ βαρυαχεῖ
ξένον ἐξανύσαι
μόρῳ τὰν παγκευθῆ κάτω
νεκύων πλάκα καὶ Στύγιον δόμον.
1565   πολλῶν γὰρ ἂν καὶ μάταν
πημάτων ἱκνουμένων
πάλιν σφε δαίμων δίκαιος αὔξοι.

ὦ χθόνιαι θεαὶ, σῶμά τ᾽ ἀνικάτου
θηρός, ὃν ἐν πύλαισι
1570   ταῖσι πολυξένοις
εὐνᾶσθαι κνυζεῖσθαί τ᾽ ἐξ ἄντρων
ἀδάματον φύλακα παρ᾽ Ἀΐδᾳ
λόγος αἰὲν ἔχει·
τὸν, ὦ Γᾶς παῖ καὶ Ταρτάρου,
1575   κατεύχομαι ἐν καθαρῷ βῆναι
ὁρμωμένῳ νερτέρας
τῷ ξένῳ νεκρῶν πλάκας·
σέ τοι κικλήσκω τὸν αἰένυπνον.

ΑΓΓΕΛΟΣ

ἄνδρες πολῖται, ξυντομωτάτως μὲν ἂν
1580   τύχοιμι λέξας Οἰδίπουν ὀλωλότα·
ἃ δ᾽ ἦν τὰ πραχθέντ᾽ οὔθ᾽ ὁ μῦθος ἐν βραχεῖ
φράσαι πάρεστιν οὔτε τἄργ᾽ ὅσ᾽ ἦν ἐκεῖ.

XO.

ὄλωλε γὰρ δύστηνος;

ΑΓ.

ὡς λελοιπότα
κεῖνον τὸν ἀεὶ βίοτον ἐξεπίστασο.

XO.

1585   πῶς; ἆρα θείᾳ κἀπόνῳ τάλας τύχῃ;

ΑΓ.

τοῦτ᾽ ἐστὶν ἤδη κἀποθαυμάσαι πρέπον.
ὡς μὲν γὰρ ἐνθένδ᾽ εἷρπε, καὶ σύ που παρὼν
ἔξοισθ᾽, ὑφηγητῆρος οὐδενὸς φίλων,
ἀλλ᾽ αὐτὸς ἡμῖν πᾶσιν ἐξηγούμενος·
1590   ἐπεὶ δ᾽ ἀφῖκτο τὸν καταρράκτην ὁδὸν
χαλκοῖς βάθροισι γῆθεν ἐρριζωμένον,
ἔστη κελεύθων ἐν πολυσχίστων μιᾷ,
κοίλου πέλας κρατῆρος, οὗ τὰ Θησέως
Περίθου τε κεῖται πίστ᾽ ἀεὶ ξυνθήματα·
1595   ἀφ᾽ οὗ μέσος στὰς τοῦ τε Θορικίου πέτρου
κοίλης τ᾽ ἀχέρδου κἀπὸ λαΐνου τάφου,
καθέζετ᾽· εἶτ᾽ ἔλυσε δυσπινεῖς στολάς.
κἄπειτ᾽ ἀΰσας παῖδας ἠνώγει ῥυτῶν
ὑδάτων ἐνεγκεῖν λουτρὰ καὶ χοάς ποθεν·
1600   τὼ δ᾽ εὐχλόου Δήμητρος ἐς προσόψιον
πάγον μολούσα τάσδ᾽ ἐπιστολὰς πατρὶ
ταχεῖ 'πόρευσαν ξὺν χρόνῳ, λουτροῖς τέ νιν
ἐσθῆτί τ᾽ ἐξήσκησαν ᾗ νομίζεται.
ἐπεὶ δὲ παντὸς εἶχε δρῶντος ἡδονὴν
1605   κοὐκ ἦν ἔτ᾽ ἀργὸν οὐδὲν ὧν ἐφίετο,
κτύπησε μὲν Ζεὺς χθόνιος, αἱ δὲ παρθένοι

οιδιπυσ επι κολωνωι   211

ῥίγησαν, ὡς ἤκουσαν· ἐς δὲ γούνατα
πατρὸς πεσοῦσαι κλαῖον, οὐδ' ἀνίεσαν
στέρνων ἀραγμοὺς οὐδὲ παμμήκεις γόους.
1610   ὁ δ' ὡς ἀκούει φθόγγον ἐξαίφνης πικρόν,
πτύξας ἐπ' αὐταῖς χεῖρας εἶπεν· ὦ τέκνα,
οὐκ ἔστ' ἔθ' ὑμῖν τῇδ' ἐν ἡμέρᾳ πατήρ.
ὄλωλε γὰρ δὴ πάντα τἀμά, κοὐκέτι
τὴν δυσπόνητον ἕξετ' ἀμφ' ἐμοὶ τροφήν·
1615   σκληρὰν μέν, οἶδα, παῖδες· ἀλλ' ἓν γὰρ μόνον
τὰ πάντα λύει ταῦτ' ἔπος μοχθήματα.
τὸ γὰρ φιλεῖν οὐκ ἔστιν ἐξ ὅτου πλέον
ἢ τοῦδε τἀνδρὸς ἔσχεθ', οὗ τητώμεναι
τὸ λοιπὸν ἤδη τὸν βίον διάξετον.
1620   τοιαῦτ' ἐπ' ἀλλήλοισιν ἀμφικείμενοι
λύγδην ἔκλαιον πάντες. ὡς δὲ πρὸς τέλος
γόων ἀφίκοντ' οὐδ' ἔτ' ὠρώρει βοή,
ἦν μὲν σιωπή, φθέγμα δ' ἐξαίφνης τινὸς
θώϋξεν αὐτόν, ὥστε πάντας ὀρθίας
1625   στῆσαι φόβῳ δείσαντας ἐξαίφνης τρίχας.
καλεῖ γὰρ αὐτὸν πολλὰ πολλαχῇ θεός·
ὦ οὗτος οὗτος, Οἰδίπους, τί μέλλομεν
χωρεῖν; πάλαι δὴ τἀπὸ σοῦ βραδύνεται.
ὁ δ' ὡς ἐπῄσθετ' ἐκ θεοῦ καλούμενος,
1630   αὐδᾷ μολεῖν οἱ γῆς ἄνακτα Θησέα.
κἀπεὶ προσῆλθεν, εἶπεν, ὦ φίλον κάρα,
δός μοι χερὸς σῆς πίστιν ἀρχαίαν τέκνοις,
ὑμεῖς τε, παῖδες, τῷδε· καὶ καταίνεσον
μήποτε προδώσειν τάσδ' ἑκών, τελεῖν δ' ὅσ' ἂν
1635   μέλλῃς φρονῶν εὖ ξυμφέροντ' αὐταῖς ἀεί.
ὁ δ', ὡς ἀνὴρ γενναῖος, οὐκ οἴκτου μέτα
κατῄνεσεν τάδ' ὅρκιος δράσειν ξένῳ.
ὅπως δὲ ταῦτ' ἔδρασεν, εὐθὺς Οἰδίπους
ψαύσας ἀμαυραῖς χερσὶν ὧν παίδων λέγει.

1640 ὦ παῖδε, τλᾶσας χρὴ τὸ γενναῖον φρενὶ
χωρεῖν τόπων ἐκ τῶνδε, μηδ' ἃ μὴ θέμις
λεύσσειν δικαιοῦν, μηδὲ φωνούντων κλύειν.
ἀλλ' ἔρπεθ' ὡς τάχιστα· πλὴν ὁ κύριος
Θησεὺς παρέστω μανθάνων τὰ δρώμενα.
1645 τοσαῦτα φωνήσαντος εἰσηκούσαμεν
ξύμπαντες· ἀστακτὶ δὲ σὺν ταῖς παρθένοις
στένοντες ὡμαρτοῦμεν. ὡς δ' ἀπήλθομεν,
χρόνῳ βραχεῖ στραφέντες, ἐξαπείδομεν
τὸν ἄνδρα τὸν μὲν οὐδαμοῦ παρόντ' ἔτι,
1650 ἄνακτα δ' αὐτὸν ὀμμάτων ἐπίσκιον
χεῖρ' ἀντέχοντα κρατός, ὡς δεινοῦ τινος
φόβου φανέντος οὐδ' ἀνασχετοῦ βλέπειν.
ἔπειτα μέντοι βαιὸν οὐδὲ σὺν χρόνῳ,
ὁρῶμεν αὐτὸν γῆν τε προσκυνοῦνθ' ἅμα
1655 καὶ τὸν θεῶν Ὄλυμπον ἐν ταὐτῷ λόγῳ.
μόρῳ δ' ὁποίῳ κεῖνος ὤλετ' οὐδ' ἂν εἷς
θνητῶν φράσειε, πλὴν τὸ Θησέως κάρα.
οὐ γάρ τις αὐτὸν οὔτε πυρφόρος θεοῦ
κεραυνὸς ἐξέπραξεν οὔτε ποντία
1660 θύελλα κινηθεῖσα τῷ τότ' ἐν χρόνῳ,
ἀλλ' ἤ τις ἐκ θεῶν πομπός, ἢ τὸ νερτέρων
εὔνουν διαστὰν γῆς ἀλύπητον βάθρον.
ἀνὴρ γὰρ οὐ στενακτὸς οὐδὲ σὺν νόσοις
ἀλγεινὸς ἐξεπέμπετ', ἀλλ' εἴ τις βροτῶν
1665 θαυμαστός. εἰ δὲ μὴ δοκῶ φρονῶν λέγειν,
οὐκ ἂν παρείμην οἷσι μὴ δοκῶ φρονεῖν.

ΧΟ.

ποῦ δ' αἵ τε παῖδες χοἰ προπέμψαντες φίλων;

οιδιπυσ επι κολωνωι

ΑΓ.

αἴδ᾽ οὐχ ἑκάς· γόων γὰρ οὐκ ἀσήμονες
φθόγγοι σφε σημαίνουσι δεῦρ᾽ ὁρμωμένας.

ΑΝ.

στρ.   αἰαῖ, φεῦ, ἔστιν ἔστι νῷν δὴ
1670   οὐ τὸ μὲν, ἄλλο δὲ μὴ, πατρὸς ἔμφυτον
       ἄλαστον αἷμα δυσμόροιν στενάζειν,
       ᾧτινι τὸν πολὺν
       ἄλλοτε μὲν πόνον ἔμπεδον εἴχομεν,
1675   ἐν πυμάτῳ δ᾽ ἀλόγιστα παροίσομεν
       ἰδόντε καὶ παθοῦσα.

ΧΟ.

τί δ᾽ ἔστιν;

ΑΝ.

ἔστιν μὲν εἰκάσαι, φίλοι.

ΧΟ.

βέβηκεν;

ΑΝ.

ὡς μάλιστ᾽ ἂν ἐν πόθῳ λάβοις.
       τί γὰρ, ὅτῳ μήτ᾽ Ἄρης
1680   μήτε πόντος ἀντέκυρσεν,
       ἄσκοποι δὲ πλάκες ἔμαρψαν
       ἐν ἀφανεῖ τινι μόρῳ φερόμενον.
       τάλαινα, νῷν δ᾽ ὀλεθρία
       νὺξ ἐπ᾽ ὄμμασιν βέβακε.
1685   πῶς γὰρ ἤ τιν᾽ ἀπίαν

γᾶν ἢ πόντιον κλύδων᾽ ἀλώμεναι βίου δύσοιστον
ἕξομεν τροφάν;

ΙΣ.

οὐ κάτοιδα. κατά με φόνιος
1690   ᾽Αΐδας ἕλοι πατρὶ
ξυνθανεῖν γεραιῷ
τάλαιναν, ὡς ἔμοιγ᾽ ὁ μέλλων βίος οὐ βιωτός.

ΧΟ.

ὦ διδύμα τέκνων ἀρίστα,
τὸ φέρον ἐκ θεοῦ καλῶς [φέρειν χρὴ,]
1695   μηδὲν ἄγαν φλέγεσθον· οὔ τοι κατάμεμπτ᾽ ἔβητον.

ΑΝ.

ἀντ.   πόθος τοι καὶ κακῶν ἄρ᾽ ἦν τις.
καὶ γὰρ ὃ μηδαμὰ δὴ φίλον ἦν φίλον,
ὁπότε γε καὶ τὸν ἐν χεροῖν κατεῖχον.
1700   ὦ πάτερ, ὦ φίλος,
ὦ τὸν ἀεὶ κατὰ γᾶς σκότον εἱμένος·
οὐδέ γ᾽ ἀπὼν ἀφίλητος ἐμοί ποτε
καὶ τᾷδε μὴ κυρήσῃς.

ΧΟ.

ἔπραξεν;

ΑΝ.

    ἔπραξεν οἷον ἤθελεν.

ΧΟ.

τὸ ποῖον;

οιδιπυσ επι κολωνωι   215

ΑΝ.

1705
&ς ἔχρῃζε γᾶς ἐπὶ ξένας
ἔθανε· κοίταν δ' ἔχει
νέρθεν εὐσκίαστον αἰέν,
οὐδὲ πένθος ἔλιπ' ἄκλαυτον.
ἀνὰ γὰρ ὄμμα σε τόδ', ὦ πάτερ, ἐμὸν
1710
στένει δακρῦον, οὐδ' ἔχω
πῶς με χρὴ τὸ σὸν τάλαιναν
ἀφανίσαι τοσόνδ' ἄχος.
ὤμοι, γᾶς ἐπὶ ξένας θανεῖν ἔχρῃζες· ἀλλ'
ἔρημος ἔθανες ὧδέ μοι.

ΙΣ.

1715
ὦ τάλαινα, τίς ἄρα με πότμος
. . . .
ἐπαμμένει σέ τ', ὦ φίλα, τὰς πατρὸς ὧδ' ἐρήμας;

ΧΟ.

1720
ἀλλ' ἐπεὶ ὀλβίως γ' ἔλυσεν
τὸ τέλος, ὦ φίλαι, βίου,
λήγετε τοῦδ' ἄχους· κακῶν γὰρ δυσάλωτος οὐδείς.

ΑΝ.

πάλιν, φίλα, συθῶμεν.

ΙΣ.

ὡς τί ῥέξομεν;

ΑΝ.

ἵμερος ἔχει με

ΙΣ.

1725   τίς;

ΑΝ.

τὰν χθόνιον ἑστίαν ἰδεῖν

ΙΣ.

τίνος;

ΑΝ.

                πατρός, τάλαιν᾽ ἐγώ.

ΙΣ.

θέμις δὲ πῶς τάδ᾽ ἐστί; μῶν
οὐχ ὁρᾷς;

ΑΝ.

1730   τί τόδ᾽ ἐπέπληξας;

ΙΣ.

καὶ τόδ᾽, ὡς

ΑΝ.

                τί τόδε μάλ᾽ αὖθις;

ΙΣ.

ἄταφος ἔπιτνε δίχα τε παντός.

ΑΝ.

ἄγε με, καὶ τότ᾽ ἐπενάριξον.

οιδιπυσ επι κολωνωι

ΙΣ.

αἰαῖ, δυστάλαινα, πῇ δῆτ'

1735 αὖθις ὧδ' ἔρημος ἄπορος
αἰῶνα τλάμον' ἕξω;

ΧΟ.

φίλαι, τρέσητε μηδέν.

ΑΝ.

ἀλλὰ ποῖ φύγω;

ΧΟ.

καὶ πάρος ἀπέφυγε

ΑΝ.

τί;

ΧΟ.

1740 τὰ σφῷν τὸ μὴ πίτνειν κακῶς.

ΑΝ.

φρονῶ.

ΧΟ.

τί δῆθ' ὑπερνοεῖς;

ΑΝ.

ὅπως μολούμεθ' ἐς δόμους
οὐκ ἔχω.

ΧΟ.

μηδέ γε μάτευε.

ΑΝ.

μόγος ἔχει.

ΧΟ.

κⲁⲓ πάρος ἐπεῖχε.

ΑΝ.

1745 τοτὲ μὲν ἄπορα, τοτὲ δ' ὕπερθεν.

ΧΟ.

μέγ' ἄρα πέλαγος ἐλάχετόν τι.

ΑΝ.

φεῦ φεῦ, ποῖ μόλωμεν, ὦ Ζεῦ;
ἐλπίδων γὰρ ἐς τίν' ἔτι με
1750 δαίμων τανῦν γ' ἐλαύνει;

ΘΗ.

παύετε θρήνων, παῖδες· ἐν οἷς γὰρ
χάρις ἡ χθονία ξύν' ἀπόκειται
πενθεῖν οὐ χρή· νέμεσις γάρ.

ΑΝ.

ὦ τέκνον Αἰγέως, προσπίτνομέν σοι.

ΘΗ.

1755 τίνος, ὦ παῖδες, χρείας ἀνύσαι;

ΑΝ.

τύμβον θέλομεν προσιδεῖν αὐταὶ
πατρὸς ἡμετέρου.

οιδιπυσ επι κολωνωι 219

ΘΗ.

ἀλλ᾽ οὐ θεμιτόν.

ΑΝ.

πῶς εἶπας, ἄναξ, κοίραν᾽ Ἀθηνῶν;

ΘΗ.

1760 ὦ παῖδες, ἀπεῖπεν ἐμοὶ κεῖνος
μήτε πελάζειν ἐς τούσδε τόπους
μήτ᾽ ἐπιφωνεῖν μηδένα θνητῶν
θήκην ἱερὰν, ἣν κεῖνος ἔχει.
καὶ ταῦτά μ᾽ ἔφη πράσσοντα καλῶς
1765 χώραν ἕξειν αἰὲν ἄλυπον.
ταῦτ᾽ οὖν ἔκλυεν δαίμων ἡμῶν
χὠ πάντ᾽ ἀΐων Διὸς Ὅρκος.

ΑΝ.

ἀλλ᾽ εἰ τάδ᾽ ἔχει κατὰ νοῦν κείνῳ,
ταῦτ᾽ ἂν ἀπαρκοῖ· Θήβας δ᾽ ἡμᾶς
1770 τὰς ὠγυγίους πέμψον, ἐάν πως
διακωλύσωμεν ἰόντα φόνον
τοῖσιν ὁμαίμοις.

ΘΗ.

δράσω καὶ τάδε καὶ πάνθ᾽ ὁπόσ᾽ ἂν
μέλλω πράσσειν πρόσφορά θ᾽ ὑμῖν
1775 καὶ τῷ κατὰ γῆς, ὃς νέον ἔρρει,
πρὸς χάριν, οὐ δεῖ μ᾽ ἀποκάμνειν.

ΧΟ.
ἀλλ᾽ ἀποπαύετε μηδ᾽ ἐπὶ πλείω
θρῆνον ἐγείρετε·
1780   πάντως γὰρ ἔχει τάδε κῦρος.

COLEÇÃO SIGNOS
(últimos lançamentos)

30. COISAS E ANJOS DE RILKE • Augusto de Campos
31. ÉDIPO REI DE SÓFOCLES • Trajano Vieira
32. A LÓGICA DO ERRO • Affonso Ávila
33. POESIA RUSSA MODERNA • Augusto e Haroldo de Campos e B. Schnaiderman
34. RE VISÃO DE SOUSÂNDRADE • Augusto e Haroldo de Campos
35. NÃO • Augusto de Campos
36. AS BACANTES DE EURÍPIDES • Trajano Vieira
37. FRACTA: ANTOLOGIA POÉTICA • Horácio Costa
38. ÉDEN: UM TRÍPTICO BÍBLICO • Haroldo de Campos
39. ALGO : PRETO • Jacques Roubad
40. FIGURAS METÁLICAS • Claudio Daniel
41. ÉDIPO EM COLONO DE SÓFOCLES • Trajano Vieira
42. POESIA DA RECUSA • Augusto de Campos
43. SOL SOBRE NUVENS • Josely Vianna Baptista
44. AUGUST STRAMM: POEMAS-ESTALACTITES • Augusto de Campos
45. CÉU ACIMA: UM TOMBEAU PARA HAROLDO DE CAMPOS • Leda Tenório Motta (org.)
46. AGAMÊMNON DE ÉSQUILO • Trajano Vieira
47. ESCREVIVER • José Lino Grünewald (José Guilherme Correa, org.)
48. ENTREMILÊNIOS • Haroldo de Campos
49. ANTÍGONE DE SÓFOCLES • Trajano Vieira
50. GUENÁDI AIGUI: SILÊNCIO E CLAMOR • Boris Schnaidermann e Jerus Pires Ferreira (orgs.)
51. POETA POENTE • Affonso Ávila
52. LISÍSTRATA E TESMOFORIANTES DE ARISTÓFANES • Trajano Vieira
53. HEINE, HEIN? POETA DOS CONTRÁRIOS • André Vallias
54. PROFILOGRAMAS • Augusto de Campos
55. OS PERSAS DE ÉSQUILO • Trajano Vieira
56. OUTRO • Augusto de Campos

Este livro foi impresso na cidade de Cotia,
nas oficinas da MetaSolutions, em setembro de 2016,
para a Editora Perspectiva